RESEARCH ON
COLLEGE STUDENTS'
SELF-EVALUATION ABILITY
AND ITS CULTIVATION

大学生
自我评价能力及其
培养研究

谭晓斐 / 著

社会科学文献出版社
SOCIAL SCIENCES ACADEMIC PRESS (CHINA)

前　言

习近平总书记在学校思想政治理论课教师座谈会上强调："要坚持主导性和主体性相统一，思政课教学离不开教师的主导，同时要加大对学生的认知规律和接受特点的研究，发挥学生主体性作用。"多年从事大学生思想政治教育教学工作也让我充分认识到，大学生思想政治教育工作既要发挥思想政治理论课教师的主导作用，更要发挥大学生的主体性作用。如果说，高校及高校教师开展的思想政治教育工作是大学生思想道德素养提升的外在原因，那么大学生自我教育便是促使其思想道德素养提升的内在原因。只有大学生自觉将思想政治教育目标内化为自身的要求，才能充分调动其参与思想政治教育教学实践活动的积极性，从而达到深化大学生思想政治教育效果的目标。可以看出，以突出大学生自觉性为特征、发挥大学生主体性作用的自我教育在大学生思想政治教育中发挥着重要作用。随之，自我教育微观层面的自我评价，在自我教育中发挥的积极作用也愈加凸显。

首先，大学生自我评价能力及其培养研究可以为大学生思想政治教育理论与实践研究提供参考和依据。青少年个性发展的重要标志之一是自我分析能力和自我评价能力的提升，自我教育的前提是自我评价能力的提高（郭瞻予，2004）。培养大学生自我评价能力，可以提升大学生自我教育的效果，从而增强大学生思想政治教育的实效性。然而，有的大学生因为社会阅历浅、自我意识发展得不够成熟，容易出现"过高"

或"过低"的自我评价，这使得其不能正确地认识自己。《中长期青年发展规划（2016—2025 年）》中明确了大学生心理健康教育的重要性，自我评价偏差会导致个体在情感和人格等方面产生不良反应，严重影响大学生的心理健康（罗小兰，2005）。较高的自我评价能力能够让大学生保持积极乐观的心态和有效情绪，是大学生心理健康的标志。心理教育是思想政治教育的内容之一，也是思想政治教育的基础和保障。

其次，大学生自我评价能力及其培养研究可以为大学生社会化发展和行为指导提供帮助和支持。马克思在《关于费尔巴哈的提纲》中指出，"人的本质不是单个人所固有的抽象物，在其现实性上，它是一切社会关系的总和"[①]，"旧唯物主义的立脚点是市民社会，唯物主义的立脚点则是人类社会或社会化的人类"[②]。马克思认为人的本质属性是他的社会性，人的本质是一切社会关系的总和。库利（Cooley）认为："自我是社会的产物，只能通过社会互动而产生。"库利的观点告诉我们：自我是在社会互动中得以实现的。大学阶段是大学生社会化发展的重要时期，社会化发展能够促使大学生更好地适应社会和完善其社会关系。而"自我评价影响个体社会化的发展方向"（时蓉华，2013），所以自我评价能力高的人，社会化水平也高。而且，"人们的行为在很大程度上是由自我评价来调节的，自我评价不仅对行为起导向作用，而且为行为提供动力"（阿尔伯特·班杜拉，2018）。准确的自我评价能够使个体找到预设的行为标准和自我观察之间的差距，从而激活、指导和调控自己的行为，发挥自我调节的作用。

本书以马克思主义关于人的全面发展的理论、思想政治教育主体论、思想政治教育过程论和发展心理学等相关理论为研究的理论依据，综合运用文献研究法、系统分析法等方法开展研究。在界定大学生自我评价能力概念的基础上，分析大学生自我评价能力的构成、发展特征，以及

---

① 《马克思恩格斯选集（第一卷）》，人民出版社，2012，第 135 页。
② 《马克思恩格斯选集（第一卷）》，人民出版社，2012，第 140 页。

大学生自我评价能力培养目标和培养过程；在理论研究成果基础上构建大学生自我评价能力结构模型，编制"大学生自我评价能力现状调查问卷"和"大学生自我评价能力影响因素调查问卷"，并开展大学生自我评价能力现状及影响因素调查与分析；在深入分析大学生自我评价能力培养存在问题的基础上，提出高校、家庭、社会和个体四位一体加强大学生自我评价能力培养的对策建议，即高校铸牢大学生自我评价能力培养的阵地意识、家庭提供大学生自我评价能力培养的情感力量、社会拓宽大学生自我评价能力培养的实践途径和大学生发挥在自我评价能力发展中的主体作用。

虽然本书做了大量的实证研究，掌握了当前大学生自我评价能力现状水平及其影响因素，分析了大学生自我评价能力培养存在的问题，并提出了加强大学生自我评价能力培养的对策建议。但是未来，还可以从以下几个方面深入开展相关研究。

第一，大学生自我评价能力培养是一个动态的发展过程，也是一个复杂的形成过程。所以，在大学生自我评价能力培养的研究中，有必要深入研究大学生自我评价能力的发展机理和形成过程，进一步挖掘大学生自我评价能力的影响因素，为我们深入研究大学生自我评价能力及其培养问题提供参考和依据。

第二，研究大学生自我评价能力及其培养问题，是重视自我教育在大学生思想政治教育工作中的重要作用。教育者要持续关注大学生自我评价能力的发展特征，深入研究大学生思想政治教育在大学生自我评价能力培养中的思想教育和价值引领功能，从而提高大学生思想政治教育的实效性。

第三，目前教育主管部门没有建立规范的大学生自我评价指标体系，高校也没有建立完善的大学生自我评价制度，大学生自我评价标准的确立仍然具有主观性。确立怎样的大学生自我评价标准才能更符合社会发展和大学生自我发展需求？高校需要探讨人才培养目标的导向功能，为大学生确立合理、有效的自我评价标准提供指引和帮助。

总之，希望本书能够为丰富和发展学术界关于大学生思想政治教育和自我发展的理论与实践研究做出贡献，并能够为教育主管部门深化大学生思想政治教育和教育评价改革提供参考和依据。

本书主体内容是我的博士学位论文。本书的写作得益于我的导师杨连生教授的悉心指导和帮助，最终出版得到了大连大学马克思主义学院的资助，在此表示感谢！

目　录

绪　论

本书深刻把握习近平总书记在 2019 年 3 月 18 日召开的学校思想政治理论课教师座谈会上的讲话精神，中共中央、国务院《关于进一步加强和改进大学生思想政治教育的意见》，《中国学生发展核心素养》研究成果的具体要求，以及中共中央、国务院《深化新时代教育评价改革总体方案》提出的对学生思想政治教育和自我发展的迫切要求，综合国内外学者的研究成果，认为非常有必要开展大学生自我评价能力及其培养研究。

第一节　研究背景

青年大学生是国家和社会发展的生力军，是民族未来的脊梁。① 在建设中国特色社会主义伟大事业的征程中，青年大学生将扮演重要的角色和发挥不可替代的作用。大学生自我评价能力反映了大学生的自我发展水平，培养大学生的自我评价能力既是引导大学生自觉开展思想政治教育的内在价值需求，也是坚持"以生为本"、突出大学生主体地位、强化大学生思想政治教育的外在人文诉求；培养大学生自我评价能力不仅符合《中国学生发展核心素养》研究成果对学生发展的要求，也符合《深化新时代教育评价改革总体方案》对教育评价改革方向的要求。

---

① 《做追梦者 当圆梦人》，教育部官网，2018 年 5 月 29 日，http://www.moe.gov.cn/jyb_xwfb/s5148/201805/t20180529_337513.html。

一 思想政治教育需要培养大学生自我评价能力

（一）思想政治教育要求大学生开展自我教育

教育的最高境界是自我教育。苏霍姆林斯基是苏联著名教育理论和实践专家，他强调自我教育在整个教育中的重要地位，他认为："促进自我教育的教育才是真正的教育。"① 我国自古以来就具有自我教育的优良传统。早在春秋战国时期，以孔子和孟子为代表的儒家教育思想者就倡导"修身"和"慎独"的理念，在某种程度上而言，这是自我教育理念的渊源。到了民国时期，大思想家、教育家叶圣陶提出"凡为教，目的在达到不需要教"和"知行合一"的教育思想。这些都是我国教育学者有关自我教育思想理念的研究和实践，体现了自我教育理念的重要性。② 具体而言，所谓"不教"不是说不要教育，而是通过教育者的"不教"来凸显受教育者的主体性，促进受教育者的学习自觉，达到自我教育的目的。

自我教育在思想政治教育中发挥着重要的作用。2019 年 3 月 18 日，习近平总书记在学校思想政治理论课教师座谈会上强调："青少年阶段是人生的'拔节孕穗期'，最需要精心引导和栽培……思政课教学离不开教师的主导，同时要加大对学生的认知规律和接受特点的研究，发挥学生主体性作用。"③ 这次讲话让我们看到，以习近平同志为核心的党中央对于大学生思想政治教育工作的高度重视。而且，强调思想政治教育课既要发挥思想政治理论课教师的主导作用，又要发挥大学生的主体性作用。2004 年，中共中央、国务院印发的《关于进一步加强和改进大学生思想政治教育的意见》强调，在大学生思想政治教育中，高校和高校

---

① 张耀灿、郑永廷、吴潜涛等：《现代思想政治教育学》，人民出版社，2006，第 278 页。
② 贾月：《我国大学生自我教育问题研究述评》，《广西教育学院学报》2016 年第 2 期，第 112~116 页。
③ 《习近平：用新时代中国特色社会主义思想铸魂育人 贯彻党的教育方针落实立德树人根本任务》，《人民日报》2019 年 3 月 19 日，第 01 版。

教师要充分调动大学生的积极性和主动性，引导大学生开展自我教育。根据思想政治教育学原理，高校及高校教师开展的思想政治教育工作是大学生思想道德素养提升的外在原因，大学生自我教育是促使其思想道德素养提升的内在原因。也就是说只有通过受教育者积极主动和自觉的自我教育活动，符合社会要求的规范才能够较为有效地内化为受教育者的思想道德品行。[1] 这种作用是相互促进和影响的，自我教育对于提高大学生的思想道德品行具有积极影响，反过来良好的道德品质内化于大学生心中，会进一步促进大学生积极、主动和自觉地参与教育活动，进而又可以提升大学生思想政治教育的有效性。

（二）培养大学生自我评价能力，可以提高自我教育效果

自我评价是自我教育的前提和基础。自我教育个体在自我认识的基础上，根据社会的要求和自身发展的需要，发挥自己的主观能动性，自主学习，服务社会，来推动自身品德、才智、审美等各个方面的提升，从而成长为社会需要的人。自我教育在推动个体自我向社会自我、理想自我不断发展。[2] 而自我意识的内在结构，包括自我认识、自我体验和自我控制三个方面。[3] 自我认知和自我评价包含在自我认识之中，并且自我评价处于自我认识的中心地位。[4] 此外，发展心理学的研究表明：青少年个性发展的重要标志要看其自我分析能力的提高和自我评价能力的增长，自我教育的前提也要求自我评价能力的提高。[5] 所以，自我评价是自我教育的前提和基础，培养大学生自我评价能力可以提高大学生自我教育的效果。

自我评价可以发挥个体主观能动性，评价主体积极地内化符合社会

① 陈万柏、张耀灿：《思想政治教育学原理（第三版）》，高等教育出版社，2015，第225页。
② 戴晓慧：《高校青年马克思主义者的自我教育研究》，博士学位论文，湖南大学，2017，第34页。
③ 陈叶坪、张桂兰主编《大学生健康教育（第二版）》，华中科技大学出版社，2018，第3页。
④ 陈新汉：《自我评价论》，上海人民出版社，2011，第97、84页。
⑤ 郭瞻予：《论引导青少年自我教育的意义及相关理论》，《沈阳师范大学学报》（社会科学版）2004年第3期，第6~11页。

发展要求的思想道德规范，使自己的政治观念、价值观念和道德规范等符合社会要求，从而促进自己的思想品德发展。[①] 处于自我评价活动中的个体，主动地以符合社会发展需要的思想道德观念为标准，不断地纠正自己的不足，提升思想道德水平。积极主动的自我评价，发挥着评价个体自觉开展思想政治教育的作用，培养大学生自我评价能力可以增强思想政治教育的实效性。

二 《中国学生发展核心素养》研究成果要求培养大学生自我评价能力

（一）自我发展水平决定着大学生的自我认识能力

心理学家、教育学家埃里克·埃里克森（Erik H. Eriksson）对自我同一性理论有着深入的研究，他认为青少年时期主要的心理社会发展任务是建立同一性。在这一阶段，青少年开始了自我探索，他们不断在思考"我是谁""我将来会成为怎样的人"等问题。[②] 这种自我追问和自我反思反映出青少年具有围绕现实存在，连续不断地追问、反思和探索自己的过去和将来的精神。[③] 同时，詹姆斯·马西亚（James Marcia）通过研究表明，同一性是一种动态的心理结构，同一性发展得越好，个体越能清楚地认识自己。[④] 大学阶段是自我意识发展的关键时期，大学生自我结构的发展程度决定了其对于"我是谁"和"我将会成为怎样的人"等问题的认识程度。他们的自我结构发展得越好，越能够对"我是谁"和"我将会成为怎样的人"等问题具有清晰的认识，越有利于大学生立足现在，把握未来。

---

① 杨青松：《试析德育过程的自我评价环节》，《学校党建与思想教育》2001 年第 11 期，第 37~38 页。

② 李晓东主编《发展心理学》，北京大学出版社，2013，第 175 页。

③ 张衷平：《谈大学生自我评价体系的建立》，《牡丹江师范学院学报》（社会科学版）2009 年第 5 期，第 91~92 页。

④ 李晓东主编《发展心理学》，北京大学出版社，2013，第 175 页。

（二）《中国学生发展核心素养》研究报告对大学生自我评价能力提出要求

在纪念五四运动 100 周年大会上，习近平总书记强调："我们要悉心教育青年、引导青年，做青年群众的引路人……既要理解青年所思所想……当青年思想认识陷入困惑彷徨、人生抉择处于十字路口时要鼓励他们振奋精神、勇往直前……多给他们一点提高自我认识的时间和空间……"[①] 2014 年，教育部印发的《关于全面深化课程改革落实立德树人根本任务的意见》中，首次提出"核心素养体系"这一概念。2016 年 9 月 13 日，受教育部委托，北京师范大学联合国内高校近百位专家成立的课题组发布了《中国学生发展核心素养》研究成果，明确提出我们的教育任务是围绕"一个核心"，从"三个方面"来提升学生的"六大素养"。围绕培养"全面发展的人"这一核心，分别从学生的自主发展、文化基础和社会参与这三个方面着力，使培养的学生具有人文底蕴和科学精神，能够明确责任担当，善于实践创新，并能够健康生活和学会学习。其中自主发展是要求学生能够认识和发现自身价值，能够管理好自己的生活和学习，而且能够充分发挥自身潜能，明确人生目标。要求学生能够正确地认识自己，并且能够根据自身的现实情况来明确未来发展方向。[②] 报告强调学生自主发展的重要性，要求学生能够正确地认识自己。而自我评价处于自我认识的中心地位，所以说，《中国学生发展核心素养》研究成果要求培养大学生自我评价能力。

三 《深化新时代教育评价改革总体方案》为大学生的自我评价指明了方向

（一）传统的教育评价阻碍了大学生自我评价能力的发展

传统的学生教育评价主要是学校层面对学生进行评价，主要以考试

---

① 习近平：《在纪念五四运动 100 周年大会上的讲话》，人民出版社，2019。
② 《〈中国学生发展核心素养〉发布》，人民网，2016 年 9 月 14 日，http://edu.people.com.cn/n1/2016/0914/c1053-28714231.html。

为评价手段，评价手段较为单一。同时，过分注重评价的结果，即注重分数和评定等级，忽视了评价过程。而且，评价的途径是以"他人评价"为主，忽视了学生的"自我评价"，形成了评价主体"倒置"的现象，学生总是处于被评价的地位。长期以来，教师掌握着整个评价过程、评价方式与评价结果，使学生养成了"被动待评"的习惯，缺乏自我评价的主动意识，也缺乏对自身的学习进行评价、反思与调整的行动。①在传统的教育模式中，学生并不是不具备自我评价的能力，而是被教师的他人评价所代替而失去了展示的机会。

（二）《深化新时代教育评价改革总体方案》重视培养大学生自我评价能力

2020 年，中共中央、国务院颁布的《深化新时代教育评价改革总体方案》为高等学校的教育评价工作指明了方向。方案强调，"改进结果评价，强化过程评价"，"探索学生、家长、教师以及社区等参与评价的有效方式"。其中，学生参与教育评价是这次教育评价制度改革的新亮点，学生参与的评价有对外评价学校和对内评价自我两种类型，对内评价自我也就是自我评价。方案重视学生的自我评价，在新的教育评价理念下，教师在教育教学的过程中尽量为学生提供或创设一切可以进行自我评价的机会或条件，学生能够参与到评价的过程中，这样需要培养大学生自我评价能力。

第二节　国内外相关研究综述

一　国内相关研究综述

（一）研究成果的基本信息检索

在中国知网以"大学生""自我评价"为关键词联合搜索，得出的

---

① 张衷平：《引导大学生构建自我评价标准和知识体系》，《教书育人》2009 年第 6 期，第 16~17 页。

检索结果见表 0-1。

表 0-1　以"大学生"与"自我评价"为关键词的检索结果

单位：篇

	文献		期刊		学位论文			
	全文检索	主题检索	全文检索	主题检索	全文检索	主题检索	题名检索	
							硕士	博士
检索结果	167179	2204	74340	1041	79900	989	67	1

注：以上信息收集整理的时间截至 2024 年 1 月 31 日。

通过读秀学术搜索，以"大学生自我评价"为关键词，分别从不同角度进行搜索，结果分布如表 0-2 所示。

表 0-2　以"大学生自我评价"为关键词的检索结果

单位：条

	知识	图书		期刊		学位论文		报纸
		全字段	书名	全字段	标题	全字段	标题	全字段、标题
检索结果	860	5180	2	22367	280	6277	90	23

注：以上信息收集整理的时间截至 2024 年 1 月 31 日。

根据上述搜索结果，从各年份研究成果数量统计来看，1988 年之前是研究的空白期，没有关于大学生自我评价的相关研究；1989～2001 年大学生自我评价这一问题开始引起学术界的关注，但是研究数量较少；而 2002～2011 年关于大学生自我评价的研究呈"井喷式"增长，在 2011 年达到研究数量的峰值，之后研究数量变化平缓，波动不大。这说明，从 2002 年开始关于大学生自我评价这一问题的研究数量呈显著性增长，在一定程度上表明，大学生自我评价这一问题逐步引起学术界的关注。2011 年研究数量达到峰值后，关于大学生自我评价这一问题的研究热度不减，仍然是当下的研究热点。

（二）多学科角度开展大学生自我评价能力的相关研究

1. 关于大学生自我评价能力的研究

关于大学生自我评价能力的研究，国内学者分别从社会学、心理学和教育学角度开展理论研究，研究数量不多且视野相对局限，仅侧重于从大学生自我评价能力的培养和现状调查视角开展研究。其中，大学生自我评价能力的培养研究，主要关注大学生自我评价能力培养的模式、策略和方法等。大学生自我评价能力的现状研究还没有较为完备的调查问卷和相关分析。可见，对于大学生自我评价能力的结构、特征和影响因素方面的研究还没有引起学者的足够重视，已有研究对于大学生自我评价能力的要素分析得不透彻，所以关于大学生自我评价能力的实证研究缺乏相对的深度和广度。

（1）关于大学生自我评价能力培养的研究。

首先是关于大学生自我评价能力培养模式的研究。有学者探讨从自我评价标准的确定、认识和把握评价标准、制订学习目标计划和进行自我评价反馈四个方面来建立自我评价能力培养模式，并利用对比班实验和问卷调查的方法得出结论，认为"四阶段学生自我评价能力培养模式"有助于学生对于自己的学习质量做出准确的、动态的自我评价，在提高英语写作成绩的同时更增强了学习的自信心和自我效能感。[①]

其次是关于大学生自我评价能力培养的策略研究。马晓静和黄志兵强调要教给学生自我评价的经验和方法，让他们能够用一分为二的方法开展自我评价，既要看到自己的优点，又要正视自己的缺点；同时，要引导学生进行自我反思。[②] 吾买尔·托合尼亚孜认为自我评价能力是心理健康的重要指标，并提出要引导大学生树立正确的自我意识、倡导学

---

① 张红霞、朱莹莹：《学生自我评价能力培养的模式与实践》，《中国高等医学教育》2012年第12期，第30~31页。

② 马晓静、黄志兵：《青少年自我教育能力培养路径探究——读苏霍姆林斯基〈怎样培养真正的人〉》，《宁波教育学院学报》2018年第4期，第102~105页。

生的自我教育、引导学生追求合理的需求并树立远大的理想和合理调节情绪等，从心理健康教育的角度倡导培养大学生自我评价能力。[①]

再次是关于大学生自我评价能力培养的动力学研究。谢红光认为，在体育技术教学中，教师除了讲授投篮知识和技术要领外，还要求学生对投篮效果开展自我评价，以此找到自身的不足，使学生产生学习的内驱力，以此培养大学生的自我评价意识和能力。[②]

最后是关于大学生自我评价能力培养的方法研究。戴健参考日本教育界的"档案袋评价"法，提出要建立"学习档案袋"，并且对其进行实践检验，认为效果很好。档案袋中包含学生自我评价的资料。学生的自我评价记录资料，包括课程的学业目标与计划、阶段小结与学习策略调整、期末的全面自评与等级成绩等。学生学习过程的资料，包括课堂测验、作业完成情况与成绩、合作学习的分工与表现等。教师的指导记录，包括测验批改、作业评语、小组工作评价、个别交流与指导等。[③]

（2）关于大学生自我评价能力的现状调查研究。马金娇为了解护理专业学生的自我评价能力现状，以及分析他们的自我评价现状与教师评价的相关性，运用问卷调查方法开展研究。结果显示：护理专业学生的自我评价能力整体偏低，5年制护理专业学生的自我评价能力低于3年制护理学生；护理专业学生的自我评价与教师评价相关系数较高，说明大部分护理专业学生的自我评价依赖教师的评价。该研究分析认为护理专业学生的自我评价能力偏低的原因有学习目标不明确、经济负担重和就业压力大。在担心就业的问题方面表现为，虽然对未来职业充满期待，

---

① 吾买尔·托合尼亚孜：《试论大学生自我评价能力的培养》，《濮阳职业技术学院学报》2005年第3期，第73~74页。

② 谢红光：《技术教学中要注意培养学生的自我评价意识和能力》，《中国学校体育》1992年第5期，第25~26页。

③ 戴健：《专业课教学与大学生自我评价能力的培养》，《大学教育》2014年第15期，第19~21页。

但由于就业前景不乐观、就业目标不明确等原因，学生会产生焦虑情绪，有自信心不足、不能全身心投入学习的表现。[①]

2. 关于其他群体自我评价能力的研究

国内研究除了关注大学生这一群体的自我评价能力外，还关注中小学生、幼儿和教师群体的自我评价能力。研究显示：针对其他群体自我评价能力的研究中，以对高中生的研究最多，其次是小学生、初中生、幼儿和教师。这些群体的自我评价能力研究主要从自我评价能力的培养方法、结构和现状调查等方面开展，研究成果如下。

（1）关于自我评价能力培养方法的研究。此类研究所占比例最多。于兰从理论层面阐述自我评价能力培养的方法：一是理论上引导，树立正确的自我评价理念；二是策略上指导，形成客观、全面、准确的自我认知；三是实践中培养，提高自我评价能力；四是情感上激励，激发其开展自我评价的兴趣。[②] 研究者还在数学、化学、地理等学科教学实践中探究自我评价能力培养的方法，如王启强和陈隆生在数学教学实践中提出培养学生自我评价能力的具体方法，包括营造课堂环境、正面引导、注重激励、学生写评价反思等，帮助学生提高自我评价能力，进而提升学生的学习效率。[③]

（2）关于自我评价能力的结构研究。张俭福系统阐释个性结构包括外倾性结构、内倾性结构和心理活动过程这三个维度，并提出自我评价能力是一个动态的"主体"结构系统。从动态的角度看，"我"有主体的我和客体的我。其中，主体的我作为认识的主体，客体的我作为认识的对象。主体的我与客体的我之间存在着一定的距离。正是这种"有距

---

① 马金娇：《我校不同教育层次护生自我评价能力的调查与分析》，《卫生职业教育》2014 年第 16 期，第 112~113 页。

② 于兰：《谈新课标下高中生自我评价能力的培养》，《甘肃教育》2018 年第 14 期，第 80 页。

③ 王启强：《争议数学课堂中学生自我评价能力的培养》，《数学教学通讯》2013 年第 34 期，第 20~21 页；陈隆生：《在教学中培养学生的自我评价能力》，《江西教育》1995 年第 1 期，第 22 页。

离"的联系，使得主体的我可以以"一定的准则"为参照来衡量客体的我是否达到目标。主体的我总是按反馈原则持续不断地对客体的我进行探索，不断进行自我观察和自我分析，并提出自我评价结构图。[①]

（3）关于自我评价能力的实证研究。项纯通过实证调查得出结论：当前学生自我评价能力总体良好，但存在能力结构发展不均衡的问题；教师的指导方式与辅导内容、学生的人际关系与个性特征可以影响学生的自我评价能力，并且不同年级学生的自我评价能力存在个体差异。[②]为了解高中生自我评价能力现状，黄瑞瑞和张一旦采用问卷调查法开展调查研究，结果表明，学生自我评价认知和实施方面能力不足。具体表现为大部分学生对自我评价的含义认识不清，即使有的学生认识到自我评价对自身发展的积极作用，但因缺乏自我评价的动力，不愿意进行自我评价。[③]

3. 关于大学生自我评价的研究情况

国内学者关于大学生自我评价能力的研究数量较少，但是关于大学生自我评价的研究相对较多，主要从哲学、心理学、社会学等视角出发，分别从大学生自我评价的社会功能、影响因素和体系构建等方面开展，关于大学生自我评价的实证和应用研究也比较深入。

（1）关于大学生自我评价的社会功能研究。此类研究在大学生自我评价研究中所占比例最高，按照时蓉华的观点，大学是学生再社会化的时期[④]，在推动学生社会化发展的同时，也发挥着积极的社会功能，在学生成长发展的很多方面发挥着积极的促进作用。在对大学生就业、创业的积极影响方面，李恩秀认为自我评价综合素质对预备期求职行为和

---

① 张俭福：《初中生数学自我评价能力的研究》，《教育科学》1996 年第 3 期，第 41~45 页。

② 项纯：《中小学生自我评价能力的现状、问题与对策》，《教育科学研究》2008 年第 11 期，第 56~61 页。

③ 黄瑞瑞、张一旦：《高中生自我评价能力的调查与分析——以天津市为例》，《教育现代化》2018 年第 10 期，第 326~328 页、第 345 页。

④ 时蓉华：《现代社会心理学（第三版）》，华东师范大学出版社，2013，第 99 页。

行动期求职行为有显著的积极影响，自我评价综合素质越高，预备期求职行为和行动期求职行为越多。① 在对大学生学科学习的积极促进方面，李静指出自我评价将学习者置于评价过程的中心，良好的自我评价可以提高学习者的学习动机，可以促进学习过程的自我调节。② 在对大学生思想政治教育的积极推动方面，前面已做阐述。

（2）关于大学生自我评价的影响因素研究。学者认为大学生自我评价受评价任务的详尽程度和被评价者的年龄、自我情感体验等因素的影响。徐锦芬等认为自我评价任务越具体，相关系数就越高，他们指出应该给被评价者布置比较具体的评价任务，提高评价的准确性。③ 肖庚生、张霓指出大学生自我评价受年龄的影响，年龄小、心智尚不成熟的学生往往难以做出可靠、有效的自我评价。④ 大学生自我评价还受自我情感体验的影响，王珊珊等通过实证研究得出结论，认为自尊水平与自我评价存在正相关，且自尊水平对自我评价具有显著的预测性。⑤

（3）关于大学生自我评价的体系构建研究。首先，张衷平认为，要增强大学生自我评价的动力，让学生主动参与到评价过程中，还大学生主体地位，让评价从外部的他评转化到内在的自评，从形式评价转向实质评价，从被动评价转向主动评价，使自我评价真正成为促进大学生全面发展的动力。⑥ 其次，可以从三个方面建构大学生自我评价体系：一是要建立大学生个体自我评价的理论模型，这是开展评价工作的前提；二是

---

① 李恩秀：《大学毕业生自我评价对求职行为的影响》，《江苏高教》2017 年第 3 期，第 79~81 页。

② 李静：《指向自我调节学习的学生自我评价研究述评》，《全球教育展望》2018 年第 8 期，第 48~57 页。

③ 徐锦芬、李红、李斑斑：《大学生英语阅读能力自我评价的实证研究》，《解放军外国语学院学报》2010 年第 5 期，第 46~51 页。

④ 肖庚生、张霓：《大学生英语写作自我评价的实证研究》，《石家庄学院学报》2018 年第 4 期，第 148~153 页。

⑤ 王珊珊、刘一军、Todd Jackson：《自尊水平对大学生自我评价的影响研究》，《保健医学研究与实践》2016 年第 2 期，第 8~10 页。

⑥ 张衷平：《谈大学生自我评价体系的建立》，《牡丹江师范学院学报》（哲学社会科学版）2009 年第 5 期，第 91~92 页。

要设计自我评价的目标系统，总目标应定位于大学生发展，分目标是大学生发展的构成要素；三是要围绕分目标制定具体标准，使自我评价具有可操作性。[①]

（4）关于大学生自我评价的现状研究。罗小兰指出，当代大学生自我评价存在一定的问题，主要表现在两个方面：自我评价偏高和自我评价偏低。大学生因为社会阅历浅，对社会的认识和判断能力不够成熟，一部分学生表现为高估自己的能力，产生骄傲情绪，盲目乐观，往往行动目标是力不能及的，表现出自我评价偏高；还有一部分大学生低估自己的能力，产生消极情绪，过于悲观，从而降低对自己的要求，表现为自我评价偏低。[②] 杨林杰认为，大学生自我评价偏差除了表现为自我评价偏高和偏低之外，还具有不稳定性，有一部分学生在表现出色时，高估自身优势；而当在生活、学业上表现不佳时，又往往妄自菲薄、缺乏自信。[③]

4. 思想政治教育视域下大学生自我评价的相关研究

（1）对大学生自我评价在大学生思想政治教育活动中发挥的积极作用开展理论研究。研究认为大学生自我评价可以实现自我教育的功能，能够促进大学生积极地将社会所要求的政治观点、社会规范和道德准则内化于心，促进思想政治教育价值的实现。其中，聂国林指出，自我教育是终身学习的必要方式，教育与自我教育都是红色资源思想政治教育价值有效实现的方法和途径。[④] 黄小华认为，自我教育具有自觉性和主动性的特点，自我教育是在主体意识基础上产生的自觉开展教育的方式。思想政治教育价值有效实现需要自我教育。[⑤] 从上述理论观点可以看出，

① 李彬：《自我评价与大学生发展》，《江苏高教》2004 年第 4 期，第 101～103 页。

② 罗小兰：《大学生自我评价偏差与心理健康》，《教育与职业》2005 年第 6 期，第 58～59 页。

③ 杨林杰：《大学生自我评价问题研究》，《陕西青年职业学院学报》2017 年第 1 期，第 60～62 页。

④ 聂国林：《红色资源思想政治教育价值有效实现研究》，博士学位论文，南昌大学，2013，第 128 页。

⑤ 黄小华：《思想政治教育价值实现论》，光明日报出版社，2019，第 223～224 页。

大学生自我评价是自我教育的基础，自我评价在大学生思想政治教育中发挥着积极的作用。杨青松认为，自我评价可以加深学生的道德认识，为了使自己的思想道德发展符合社会要求，他们要积极把社会所要求的思想体系、政治观点、价值观念和道德规范等内化于心，不断促进自己的思想品德发展。①

（2）对大学生思想政治教育具体内容的自我评价开展实证调查。研究者通过问卷调查，了解大学生的思想政治素质和道德素质现状，为高校加强大学生思想政治和道德教育工作提供依据。如赵华明等为了解大学生的思想政治素质和道德素质自我评价现状，分别从大学生的政治立场、价值观、人生观、世界观等方面开展思想政治素质问卷调查；从大学生的思想观念、价值取向、道德规范的角度设计问卷，具体包括大学生的诚信道德、文明素质和学术道德等问题。并总结出大学生在思想政治素质和道德素质方面存在的问题，有针对性地提出提升大学生德育素质的相应措施。② 杨邓红以本科大学生为研究对象，采用问卷调查的方法，了解大学生在践行"八荣八耻"社会主义荣辱观方面的自我评价状况，通过调查得出结论：大学生在"八荣八耻"各项规范方面践行得较好，抵制"八耻"方面的状况好于践行"八荣"方面，提出要加强和改进"八荣"方面的道德践行。③

（3）开展大学生思想政治教育自我评价体系构建研究。如邓汉平指出，大学生思想政治教育自我评价体系内容包括思想政治素质、道德素质、法纪素质、心理素质、科学素质和能力素质六个方面，并把这六个方面作为一级指标，分解出 24 个二级指标。其中，思想政治素质是最重

---

① 杨青松：《试析德育过程的自我评价环节》，《学校党建与思想教育》2001 年第 11 期，第 37~38 页。

② 赵华明、王维、邢学武等：《大学生德育素质的自我评价》，《卫生职业教育》2007 年第 20 期，第 82~83 页。

③ 杨邓红：《对当代大学生践行社会主义荣辱观的自我评价状况调查——以黄石地区为例》，《民族论坛》2007 年第 7 期，第 37~39 页。

要的素质，当前大学生的思想政治素质包括政治理论素质、世界观、爱党爱国等四个方面；道德素质包括社会公德、勤劳敬业和诚实守信等六个方面；法纪素质包括遵纪守法和民主观念两个方面；心理素质包括身心健康、情绪性格和意志品质等四个方面；科学素质包括科学知识、科学意识和科学能力三个方面；能力素质包括创新能力、实践能力和学习能力等五个方面。大学生思想政治教育自我评价体系包括指标构成、权重设计、评价方法和具体实施四个要素。[①]

二　国外相关研究综述

在 Web of science 以"self-evaluation capacity"为主题词检索自我评价能力，检索年度为 1950~2024 年，得到 286 篇文献，分析发现除了对于大学生群体开展自我评价能力的研究外，也有关于其他群体自我评价能力的研究，但是数量都不多，而关于自我评价的研究相对较多，具体如下。

（一）关于大学生群体的自我评价能力研究

国外关于大学生群体自我评价能力的研究较少，如 Stamps 通过文献梳理认为，建筑教学方法应采用一种新的教学方法——"教学设计工作室的替代方法"，通过使用此种科学评估的客观反馈法代替传统的建筑损伤评估，可大大地提高建筑设计专业学生的自我评价能力。[②] 还有从大学生自我评价能力的影响角度开展的研究，如 Borracci 等通过调查医科学生考试中自信和不自信的情况，探讨大学生自我评价能力的影响因素。[③]

---

① 邓汉平：《浅议当前大学生思想政治教育自我评价体系的反思与重构》，《职业教育》（中旬刊）2016 年第 9 期，第 6~9 页。

② Stamps A. E. , "A new method for teaching architectural studios: use of objective feedback to help design students refine their capacity for self-evaluation", *Perceptual and motor skills*, 1989（3）: 827-832.

③ Borracci, Raul A. , Arribalzaga Eduardo B. , "The incidence of overconfidence and underconfidence effects in medical student examinations," *Journal of Surgical Education*, 2018（5）: 1223-1229.

（二）关于其他群体自我评价能力的研究

国外学者关于其他群体自我评价能力的研究也不多，主要是围绕自我评价能力的影响因素开展，具体情况如下。

Siller 等以 70 名 2~6 岁孤独症儿童及其父母为研究对象，把集中性玩耍时间干预（FPI）作为临床试验方法，认为 FPI 对父母反思能力和自我评价能力的增长有显著的影响，以家庭为中心的家长辅导干预可以有效地提高自闭症儿童家长的反思和自我评价能力。这种能力可能使父母能够灵活地适应和实施跨环境、日常事务的和互动的干预策略。[①]Awaisu 等随机抽取了卡塔尔哈马德七所医疗公司管理医院的 120 名执业药剂师为调查样本，采用 70 项试点问卷进行多中心调查，使用 IBM-SPSS（R）版本 20 进行描述性和推断性统计分析，研究认为卡塔尔大部分医院药剂师在研究经验、研究方案制订、研究方法运用和解释研究结果等方面自我评价能力不足，而且，教育水平和现有医院的实践水平对药剂师自我评价能力有显著影响。此项研究对制订非正式研究培训计划和促进正式研究生课程的发展，以弥补医院执业药剂师的知识差距具有重要意义。[②]

（三）关于自我评价的研究

国外学者关于自我评价能力的研究很少，但是对于自我评价的研究相对较多，分别从自我评价的理论模型、评价内容、影响因素和社会功能等方面开展研究，具体情况如下。

1. 关于自我评价的理论模型研究

Felisberto 等为了评估"国家卫生部门监测和评估技术能力建设"项目的实施情况，利用快速评价方法（REM）建立了一个自我评价模型。

---

① Siller M., Hotez E., Swanson M. et al., "Parent coaching increases the parents' capacity for reflection and self-evaluation: results from a clinical trial in autism," *Attachment & Human Development*, 2018 (3): 287-308.

② Awaisu A., Bakdach D., Elajez R. H. et al., "Hospital pharmacists' self-evaluation of their competence and confidence in conducting pharmacy practice research," *Saudi Pharmaceutical Journal*, 2015 (3): 257-265.

研究认为该模型有助于评估项目目标和行动的实现程度。[①]

2. 关于自我评价的评价内容研究

李万杰（Lee Won-Jae）通过对 3165 名中小学教师进行调查分析，建立了教师自我评价的评价内容。认为小学教师自我评价领域出现在五个区域（教育人格、教学内容知识、课堂管理、参与学校管理、自我发展努力），共有 50 个问题；中学教师自我评价领域出现在六个区域（教育人格能力、教学知识、课堂管理、参与学校管理、专业能力、咨询和指导），共有 51 个问题。[②]

3. 关于自我评价的影响因素研究

Pomerantz 和 Ruble 以 236 名二年级至五年级儿童为调查对象，将能力概念区分出三个维度，分别是失败后的表现、自我认知能力、外部能力指标的融合程度和认知能力，研究认为三个维度相对不同，在自我评价的发展过程中可能发挥不同的作用，并且这三个维度似乎相互作用，影响自我评价。[③]

4. 关于自我评价的教育实践研究

针对自我评价在教学实践中的积极应用，李米永（Lee Migyong）以韩国庆熙大学本科生为研究对象，将自我评价作为教学工具和评价方法，研究自我评价在大学生口译方面的作用，认为自我评价不仅可以使学生更容易接受老师的意见，采纳老师的建议，还对学生的时间管理和口译技能、策略的发展有积极影响。[④]

---

① Felisberto E., Freese E., Natal S. et al., "A contribution to institutionalized health evaluation: a proposal for self-evaluation," *Cadernos de Saude Publica*, 2008 (9): 2091-2102.

② Lee Won-Jae, "A study of developing self-evaluation criterion for teacher professional development," *The Journal of Korean Teacher Education*, 2014 (4): 167-196.

③ Pomerantz E. M., Ruble D. N., "Distinguishing multiple dimensions of conceptions of ability: implications for self-evaluation," *Child Development*, 1997 (6): 1165-1180.

④ Lee Migyong, "Efficacy of self-evaluation as pedagogical tool in undergraduate consecutive interpreting class," *The Journal of Interpretation and Translation Education*, 2017 (3): 57-82.

5. 关于自我评价的社会功能研究

利昂·费斯廷格（Leon Festinger）、乔治·赫伯特·米德（George Herbert Mead）等认为，任何一个具有自我意识的人，只有在明确评价和确认自己的状况之后，才能明确自己的行为定向，明确应当如何对待个体所处环境中的他人及其他客体，进而摆脱不安和焦虑。社会建构论心理学家肯尼思·J. 格根（Kenneth J. Gergen）曾说过，个体的自尊或自我评价对其行为表现起着关键作用。为了促使自我和个性向理想的方向发展，个体需要通过自我评价来主动、自觉地调控自我。[①] 阿尔伯特·班杜拉（Albert Bandura）认为准确的自我评价能够使个体找到预设的行为标准和自我观察之间的差距，从而激活、指导和调控自己的行为，发挥自我调节的作用。而且认为自我评价可以在很大程度上调节人们的行为，自我评价不仅为行为提供动力，还对行为具有导向作用。[②]

对自我评价的研究已经粗具规模，特别是 2001 年以来，学者的关注度不减。由此看来，我们开展大学生自我评价能力研究，有必要首先明确大学生自我评价能力的结构，其次要明确大学生自我评价能力的影响因素。由此才能很好地把握大学生自我评价能力的特征和发展规律，为我们开展大学生自我评价能力的实证研究提供保障。

思想政治教育是大学生意识形态教育的主要渠道，培养大学生的自我评价能力，可以提高大学生的积极性和主动性，促进大学生自觉开展思想政治教育。而思想政治教育的本质论、目的论和价值论等教育学原理和方法对于大学生自我评价能力的培养是灯塔式的指引。已有文献从思想政治教育视角开展"大学生自我评价能力"的研究相对较少，且主要局限于对大学生自我评价能力思想政治教育功能的理论论述，以及对大学生思想政治素质和道德素质的现状调查，研究得不

---

① 姚本先主编《大学生心理健康教育》，安徽大学出版社，2015，第 81 页。
② 阿尔伯特·班杜拉：《思想和行动的社会基础：社会认知论》，华东师范大学出版社，2018，第 7、380 页。

够深入和系统。同时，已有研究尚未准确把握大学生自我评价能力的结构和影响因素，从思想政治教育视角开展大学生自我评价能力培养的研究尚存空白，这就为我们下一步开展理论探讨和实证研究指明了方向。

第一章　概念阐释及理论依据

科学界定大学生自我评价能力相关核心概念，并准确把握大学生自我评价能力培养的理论依据，对于我们认识大学生自我评价能力的内涵，深入开展大学生自我评价能力及其培养研究具有重要的理论意义。

第一节　概念阐释

自我评价作为发展心理学概念，已被学术界深入研究，并做了概念的相关界定。大学生自我评价是依靠大学生群体的特殊性来研究，大学生自我评价能力是突出能力培养过程和培养目标来进一步研究大学生发展问题。

一　自我

"自我"译自英文的"self"，意指与他人、外界有所区别的自觉意识。① 在《现代汉语词典》中"自我"是自己的意思，表示以自我为对象，由自己发出动作。这里的"以自我为对象"意思是将自我作为实践对象来开展活动，"由自己发出"是强调"自我"的自觉性。②

学界对"自我"的研究主要集中在心理学领域和哲学领域，而在心理

① 小川仁志：《完全解读哲学用语事典》，郑晓兰译，华中科技大学出版社，2016，第 37 页。
② 中国社会科学院语言研究所词典编辑室编《现代汉语词典（第 6 版）》，商务印书馆，2012，第 1728 页。

学领域中发展心理学、人格心理学和社会心理学对"自我"都有着积极的关注和研究。美国心理学家威廉·詹姆斯（William James）"是第一个明确提出自我概念的社会科学家"①。他认为人类之所以能把自己当作客体看待，是因为具有"自我"这种能力。1890 年，詹姆斯在《心理学原理》一书中，首次提出了将"自我"分为主我（the "I"）与客我（the "Me"）两方面，由此开创了针对"自我"较为科学而系统的研究。詹姆斯认为，自我是自己对自己存在及其状态、特点等的觉察和认识，是一种意识或心理过程。其中，主我是主动的自我、进行中的意识流；客我是作为思维对象的自我，它包括一个人所持有的关于自己的所有知识与信念。

继詹姆斯之后，尤其是 20 世纪以来心理学的快速发展，促进了自我概念研究的发展，以精神分析学派创始人弗洛伊德的研究最为典型。他于 1923 年建立了精神分析理论结构模型，用本我、自我和超我来描述成年人的人格结构。他认为："本我是人生下来时的心理状态，它由原始的本能能量组成，是生和死两种本能的储藏库，并且完全处于潜意识之中，本我遵循快乐原则。自我是由本我分化出来的，它一部分位于意识，一部分位于潜意识之中。自我是理智的，遵循现实原则。自我能够意识到本我的意象和外部现实的区别，并使事物的主观意象与外界事物等同一致起来，以满足本能的需要。超我是从自我中分化出来的，是父母向儿童灌输的传统价值观和社会理想的一个人格结构，它大部分属于人格的潜意识部分，是人格道德的维护者，它引导自我走向更高尚的途径。超我同本我一样是非现实的。"②

在弗洛伊德看来：自我始终是在不侵犯超我的道德要求情况下来寻求满足本我冲动的现实途径。换言之，自我是没有自己的需求的，它只是"本我的雇佣"，自我始终为本我服务。而这种服务也不是无限制的，是在

---

① 乔纳森·特纳：《社会学理论的结构（第 6 版·下）》，邱泽奇等译，华夏出版社，2001，第 3 页。

② 黄希庭：《人格心理学》，浙江教育出版社，2002，第 91~93 页。

超我的道德要求框架之下的。随着心理学家对于"自我"的关注和对"自我"研究的不断深入，他们从人类自身发展的角度除了关注人的精神发展之外，也开始关注人的社会性发展，由此打开了"自我"的社会化进程。埃里克森是最早开始探讨自我发展特征的，他在弗洛伊德研究的基础上赋予了自我以灵魂。他认为自我为本我服务的同时发展出自身的积极功能，它可以影响个体的健康成长和适应。[①] 埃里克森提出的"自我同一性"概念以及个体心理发展的八阶段理论，代表的就是转向社会文化领域的自我心理学的研究成果。[②] 19 世纪末 20 世纪初，美国社会学家查尔斯·霍顿·库利（Charles Horton Cooley）在他关于镜像自我的讨论中最先表达了这一观点。他主要关注人们是如何感觉自身发展的，他认为这些情感是由社会所决定的，"镜像自我"就是以他人为镜子，即我们在他人眼中所看到的自我。我们如何被他人看待，最终的结果对"我"将产生或好或坏的情感，库利强调情绪在自我理论中的重要体现。[③] 随着对自我研究的深入发展，真正将"自我"带入社会化过程研究的是美国社会学家乔治·赫伯特·米德（George Herbert Mead）。根据米德的理论：自我的出现是因为主体具备了想象自己在他人心中形象的能力，而成为社会人，需要主体为了符合所知觉到的他人的期望而能够对自身的行为方面进行修正。[④]

对于自我问题研究贡献较大的还有苏联心理学家伊·谢·科恩（И. С. Кон），他在《自我论》中，将"自我"的内部结构进一步做了概念区分。他将自我的构成要素分为存在的"自我"、体验的"自我"和概念的"自我"。他认为："这三种要素各有相应的特殊心理过程：与存在的'自我'相应的是自我调节和自我监督；与体验的'自我'相应

---

① 黄希庭：《人格心理学》，浙江教育出版社，2002，第 139 页。
② 郭本禹、郭慧、王东：《自我心理学：斯皮茨、玛勒、雅可布森研究》，福建教育出版社，2011，第 7 页。
③ 乔纳森·布朗、玛格丽特·布朗：《自我（第 2 版）》，王伟平、陈浩莺译，人民邮电出版社，2015，第 80 页。
④ 乔纳森·布朗、玛格丽特·布朗：《自我（第 2 版）》，王伟平、陈浩莺译，人民邮电出版社，2015，第 115 页。

的是自我感觉；与概念的'自我'相应的是自我评价。"[1]

本书通过认真梳理上述理论成果，比较赞同华东师范大学时蓉华教授关于自我的定义。她认为自我又称自我意识、自我概念，认识自己的一切是人对自己存在的觉察，包括认识自己的心理特征（如兴趣爱好、能力、性格、气质等）、生理状况（如身高、体重、形态等），以及认识自己与他人的关系（如自己在群体中的位置与作用、自己与周围人们相处的关系等）。[2] 这一概念的界定有三层含义：一是自我的别称，自我又称自我意识、自我概念；二是自我即自我意识的作用对象是自己，即自我"是人对自己存在的觉察"，强调的是人对自己的作用，而非他人；三是自我意识的内容是关于生理自我、心理自我和社会自我这三个方面，即自己的生理状况、心理特征以及与他人之间的关系等方面，彰显出自我意识的全面性。

二　自我评价及大学生自我评价

（一）自我评价

苏格拉底将"认识你自己"作为自己哲学原则的宣言。他强调："因为如果我还不认识自己，就很难说知道任何别的事了。"[3] 苏格拉底认为，认识自己，就是要认清自己的能力，提高自己的自我意识，认识到自己是一个有灵魂、有理性的人，知道自己适合做什么、不适合做什么，长处是什么、短处是什么，从而做到自知。[4] 苏格拉底的"自知其无知"，使自己变成了求知者，这种"自知其无知"式的自我评价开创了古希腊对自我评价的哲学思考先河。我国《论语》中的论述可以作为自我评价的开端，最具有代表性的是《论语·学而》中一段话，曾子曰："吾日三省吾身。"其中"省吾身"强调的是自我评价，"吾日三省吾身"中的关键是

①　伊·谢·科恩：《自我论》，佟景韩等译，三联书店，1986，第44页。
②　时蓉华：《现代社会心理学（第三版）》，华东师范大学出版社，2013，第141页。
③　色诺芬：《回忆苏格拉底》，吴永泉译，商务印书馆，1984，第149页。
④　秦树理、陈思坤、王晶：《西方公民学说史》，人民出版社，2012，第66页。

"内自省"①。这个"内省"是发自内心的需要，体现着一种自觉自愿的思想。关于如何界定自我评价的一般内涵，一直是国内外有关学者关注的重要问题之一。可以说主要有三个视角。

一是借助哲学的自我意识研究中的自我评价概念，认为自我评价可以唤醒主体的自觉，如自我评价是个体构建人生价值导向、体验人生意义、进行目标选择的有效途径，强调目标对于个体的"唤醒"和"激活"，突出主体的"觉醒"和"自觉"。② 主体通过自我评价这种"反照自己"的意识之光，使自我意识逐渐地由自在达到自觉。③ 也正如柯尔伯格所言，自我评价是评价主体完成对道德原则和道德规范的自我体验之后，将其内化为自身道德信念的过程。④ 二是教育学的研究，认为自我评价主要是指在课堂教学中，体现在具体学科学习过程中的学生自我认知心理活动，认为自我评价是在学习过程中学生对具体的学习过程或学习任务做出自我判断，是一种学习性的自我评价。⑤ 学生通过自我评价，发现自己的优势和不足，主动调节学习目标、学习方式和学习态度等，自我评价能够促进学生学习的自主性和积极性，提高学生的学习兴趣和学习成绩。三是发展心理学视角的相关研究，认为自我评价是主体对自己的思想、意愿、行为和人格特点的判断和评价，是自我意识的重要组成部分。⑥ 近些年来这个视角的国内外相关研究中，意指个体对自身能力与价值的最基本评估的"核心自我评价"概念很受重视⑦，不少

---

① 陈新汉:《评价论导论——认识论的一个新领域》，上海社会科学院出版社，1995，第132页。
② 李彬:《自我评价与大学生发展》，《江苏高教》2004年第4期，第101~103页。
③ 陈新汉:《自我评价活动和自我意识的自觉》，《上海大学学报》（社会科学版）2006年第5期，第85~91页。
④ 陈中建:《高校德育系统工程研究》，南京师范大学出版社，2015，第116页。
⑤ 李静:《指向自我调节学习的学生自我评价研究述评》，《全球教育展望》2018年第8期，第48~57页。
⑥ 林崇德:《发展心理学》，浙江教育出版社，2002，第398页。
⑦ 简磊:《核心自我评价的研究进展》，《十堰职业技术学院学报》2019年第2期，第29~33页；孔荣、刘婷:《宿舍学习氛围与大学生学业倦怠的关系：核心自我评价的中介与调节作用》，《山西高等学校社会科学学报》2020年第9期，第34~37页。

研究者强调核心自我评价在个体活动领域中的功能，并对它与学业行为和心理健康等方面的关系展开讨论。可以看出三种研究视角各有侧重，或侧重于自我评价的哲学思考，或侧重于自我评价的学习性评价，或是从自我评价的内容和社会功能视角进行探究。实际上，自我评价是自我意识的重要组成部分，哲学视角的研究论证了自我评价的动力机制，唤起我们对于自我评价研究的重视，但是在指导学生自我评价实践活动中指向不清晰。将自我评价局限在教学活动的学习性评价，则窄化了自我评价的内容，不能全面、具体地指导学生开展自我评价活动。而发展心理学视角的研究，对自我评价的内容做了具体阐释，为深入开展自我评价的社会功能等研究提供了重要依据。但一些研究把个体核心自我评价等同于人格特质的倾向值得重视，因为脱离了与社会和他人关系的个体自我评价，会失去评价的动力和依据。

（二）大学生自我评价

自我评价的内容是自己的思想、意愿、行为和人格特点四个方面，表达出主体开展自我评价的目标是在全面认识和了解自己的思想、意愿、行为和人格特点四个方面现状水平的基础上，对自我发展水平做出判断和考量。由此，大学生自我评价就是大学生对自己的思想、意愿、行为和人格特点的判断和考量。本书认为对于正处于人生重要发展阶段的大学生来说，自我评价是其自我认识能力发展的主要内容，从根本上代表着大学生个体的自我认识水平。与此同时，大学生的自我评价是一个主动把自己和周围人或心目中的名人、楷模等进行比较，对自我状况进行审视和评价的过程。这种自我评价不仅是大学生审视自身特点和发展水平的需要，而且在很大程度上对其价值观念、道德行为和个性倾向的调整和发展产生重要影响。实际上，大学生身处内容丰富、形式多样的校园活动和互动频繁的师生交往环境中，其自我评价能力的发展是建立在自身社会行为准则意识、自我发展观念和交往主观经验的基础上的，而自我评价的基本内容则包括对自己的基本条件、身心素质、社会职责、人际关系和为人品质等方面进行评估和判断。在这里有三个要点需要给予关注：一是大学生自我评价的具体内容。对自我评价内容的全面把握和具体分析，能够帮助我们确定开展大学生自我评价研究的总体方向。二是自我评价是大学生自身发展的内在需要。大学阶段是大学生自我认识趋向成熟和稳定的关键时期，而自我评价处于自我认识的中心地位，可以说主动进行自我评价的探索及其结果在大学生的自我发展完善中发挥着十分重要的作用。因此，我们在讨论大学生的自我评价问题时，必须高度重视大学生在自我评价活动中的主体性和主动性。三是大学生自我评价的标准应当符合经济社会发展趋势对个人成长和进步的要求。具体来说，在文化传承、道德行为和社会价值等方面的自我评价标准，要符合国家、社会和时代发展的要求。可以说，大学生应当根据社会发展要求，主动以同龄人中的优秀者和社会各领域的榜样作为自我评价参照依据，从而不断提高适应社会发展要求的能力，发挥自我评价所带来的积极导向功能。

三　大学生自我评价能力

通过查找文献，发现学者从不同视角对不同群体的"自我评价能力"进行了界定；有的侧重于自我评价能力的功能研究；有的侧重于自我评价能力的形成过程研究；有的侧重于自我评价能力的培养对主体思想和行为的改变，即自我评价能力培养目标的研究等。关于自我评价能力的定义，哲学视角认为自我评价能力是发挥主体的能动性，对自身进行反思和调控的能力。教育学视角主要研究的是自我评价能力如何促进学科学习，认为自我评价能力是学生在学习过程中对自己的学习情况进行反思和调节的能力。学习者坚持自我评价，有助于了解自己在心理和学习方式上的特点（如思维和记忆方面的特点、学习各环节上的优劣势），以及自己和别人在这些方面的差异，从而使自己找到能更加科学地评价自己和提高自我的依据。[1]

---

[1]　吴桐祯：《语文自学能力培养法》，教育科学出版社，1997，第13页。

社会心理学视角认为自我评价能力是人自觉地根据社会道德原则和他人的评价，对自己的行为做出调节的能力。学者关于自我评价能力概念的具体阐释如表1-1所示。

表1-1 自我评价能力的概念界定

定义角度		代表人物	具体内涵
自我评价能力的功能	哲学	周勇	自我评价能力是学生对自身个性发展过程与状态反思调控的能力，是主体自身发展能动性—主体性的重要标志
	教育学	项纯	自我评价能力是在学习过程中，在对自己的学习目标、学习方式和学习态度等进行判断的基础上，自我反思和自我调节的能力
自我评价能力的形成过程	社会心理学	〔苏〕伊·谢·康	人的自我评价能力是在道德教育过程中，人们随着自我意识的提高，自觉地掌握社会所制定的道德原则，和自觉地根据他人对自己的评价，来调整自己行为的能力
自我评价能力培养的目标	德育教师的自我评价能力	张明德	自我评价能力是对自己的人格和道德修养做出客观的评价，德育教师必须自觉地、经常地对自身的人格和道德修养做出实事求是的自我评价，不断进行自我反省，使德育教师的人格不断完善，道德修养水平不断提高
	地理教师的自我评价能力	汤玉梅	教师为了了解自身专业和教学情况，以自我为主体，按照一定的评价标准，对自己的专业、教学进行正确的诊断分析，从而不断改进和提高自身专业能力和教学能力

资料来源：①周勇、杨明全：《新课程下的评价观与评价策略》，首都师范大学出版社，2005，第29页。

②项纯：《中小学生自我评价能力的现状、问题与对策》，《教育科学研究》2018年第11期，第56~61页。

③伊·谢·康：《伦理学辞典》，王荫庭等译，甘肃人民出版社，1983，第342页。

④张明德编著《德育教师形象设计》，北京广播学院出版社，1997，第50页。

⑤汤玉梅：《新课程背景下地理教师自我评价能力研究》，《中学地理教学参考》2015年第14期，第51页。

我们研究大学生自我评价能力，考量的是能力，注重能力的培养及其对于心理和行为的修正作用。黄希庭认为："有一些心理特征是保证某项工作顺利开展所必不可少的，那就是能力。也就是说，能力的存在是依托于特定的活动的，并且应当在活动中体现出来。要想看出一个人是否具备该项能力，就必须以相应的活动为基础进行考查。"① 而且，有学者认为："有效的学生自我评价有利于激发学生的内在学习动力，使其养成良好的行为习惯，并对自己的行为进行不断地检查和调整，形成自我反思、自我调整的有效机制，进而主动地为自己规划自我成长的历程。"② 所以，本书认为大学生自我评价能力是大学生自我评价活动开展的前提，它是大学生在自我评价活动中体现出来的能力，也是大学生在自我评价活动中培养起来的能力。我们除了关注大学生自我评价能力的培养对大学生心理和行为的修正作用，重视大学生自我评价能力的培养对于大学生发展的积极意义，也重视大学生自我评价能力的培养过程中，大学生自我评价能力的特征、形成过程和发展机理等，这样才能够充分把握大学生自我评价能力的特征，为大学生自我评价能力的培养提出切实有效的教育对策。

大学生即将步入社会，他们的社会性发展水平决定着其社会适应能力。苏联心理学家伊·谢·康关于自我评价能力的观点符合大学生的发展需要，对于大学生自我评价能力概念的界定具有重要的指导意义。

从以上表述当中可以得到三个层面的含义。首先，自我评价能力具有自觉性的特点，自我评价能力是自觉意识提高后个人能力的一种体现形式，而且个体对于"社会所制定的道德原则"和"他人的评价"是"自觉地掌握"和"自觉地根据"。强调了个人的自觉性特征，彰显出自我评价能力是个人意识的自觉，体现出自我评价能力的主动性。其次，开展自我评价活动需要"按照一定的评价标准"。这个评价标准首先要根据社会标准，即"社会所制定的道德原则"和"他人的评价"。同时，个体要"自觉地掌握"和"自觉地根据"，评价主体主动将社会标准和他人评价作为依据。评价主体要将社会标准中对自身发展有利的那部分要求内化为主

---

① 黄希庭：《心理学导论（第二版）》，人民教育出版社，2007，第 526 页。
② 王文静：《学生自我评价流程分析》，《中国教育学刊》2005 年第 3 期，第 46~48 页、第 52 页。

体的需求，这种需求就成为主体开展自我评价的标准。再次，自我评价能力的培养最终会实现"人格不断完善，道德修养水平不断提高"的目标，自我评价能力的培养对于自我修正起到积极作用。

结合前文大学生自我评价的概念界定，大学生自我评价是大学生对自己的思想、意愿、行为、人格特点方面的判断和考量。进一步界定大学生自我评价能力，我们要充分考虑大学生的身份和身心发展特征。身处大学校园的学生，社会性不断得到发展，大学生自我评价能力概念需要结合发展心理学和社会心理学的观点来界定。因而，本书将大学生自我评价能力的概念界定为：大学生自我评价能力是大学生在对自己的思想、愿望、行为和人格特点进行全面认知的基础上，自觉地根据社会规范的要求，并参照他人评价，不断地调整自我评价标准，且通过这一评价标准来进行自我反思，调节自己的心理和行为的能力系统。

大学生自我评价能力是一个能力系统，它是大学生在自我评价活动中体现出来的，其中蕴含着大学生自我评价的自觉性和几种具体的能力，有如下几点需要说明。一是自我评价意识的自觉性。评价意识是大学生自我评价能力的第一要义，达到评价意识自觉，大学生才能积极、主动地开展自我评价活动。二是自我认知能力，大学生自我评价能力是大学生在对自己的思想、意愿、行为和人格特点进行全面认知的基础上对自己的心理和行为进行调整和改变的能力系统。自我认知能力是大学生自我评价能力的基础，大学生只有具备良好的自我认知能力，才能全面、真实地了解自我发展水平。三是自我反思能力，自我调节的前提是自我反思，大学生要根据自我评价标准，反思自己的差距和不足，明确了差距和不足，才有自我调节的动力。四是自我调节能力。首先，自我调节能力体现在个体对自我评价标准的确立上，大学生要选择社会规范和他人评价中自认为有用的那部分价值，与个人内部的价值尺度相整合，内化为主体需求的那部分价值信息最终被确定为自我评价标准，大学生自我评价标准的确立经历了"矛盾—整合—内化"的过程。其次，自我调节能力体现在大学生要根据自我评价标准调节自己的心理和行为。大学生自我评价能力系统中，大学生自觉地开展评价活动的自我评价意识是自我评价能力发展的动力器；大学生对自己的思想、意愿、行为和人格特点的自我认知是大学生自我评价能力发展的基础；大学生根据自我评价标准反思自我，明确差距和不足，激发自我调节的主动性是大学生自我评价能力发展的助推器；大学生将自我发展水平与社会标准相比较，整合价值信息，确立自我评价标准是大学生自我评价能力发展的价值追求；大学生以自我评价标准为导向，调节自我的心理和行为是大学生自我评价能力发展的实践要求。

四　相关概念辨析

（一）自我评价与他人评价

他人评价（简称他评）指受评单位之外的人，如同行、专家、上级行政部门、社会有关人士等对评价对象的评价。[①] 他评是将受评单位和受评人作为被评价者，受评单位之外的人员作为评价者来阐释。而还有的观点是把学生作为独立的个体，将学生作为被评价主体，认为他评包括学生的教师及群体、同伴及群体、家长、社区成员的评价，及各种社会评价（包括社会上的各级评价机构和团体）等。[②]

如果将大学生作为独立的评价个体，那么自我评价是大学生自己对自己的评价，而他评是指大学生之外的单位组织或者个人对大学生的评价，单位组织包括上级行政部门等，个人指教师或者同伴、家长等。关于自评与他评的关系，自评是他评的基础，自评不是独立存在的。大学生不断地将自己与他评的标准相比较，进而自我反思，自我调节。"他人评价是自我评价的一面镜子，处在一定的社会关系中的群体和个体，总是从他人对自己的评价中，看到自己的形象，这种形象便构成了自我评价的基础。"[③]

---

① 陈绥：《普通教育评价》，北京师范大学出版社，1991，第147页。
② 陈玉琨：《教育评价学》，人民教育出版社，1999，第142页。
③ 陈玉琨：《教育评价学》，人民教育出版社，1999，第142页。

他人评价的结果只有被学生所接受并且最终能够转化为学生的自我评价、转化为学生进一步发展的动力和自我调整的策略时，才能真正成为促进学生发展的有效因素。他评是对自评的检验和丰富，评价过程应该将自评与他评结合起来，并且均以评价方案为基准。

（二）自我评价与自我认识

认识自我乃是哲学探究的最高目标。自我认识是"阿基米德点"，是一切思潮牢固不可动摇的中心。正如米歇尔·德·蒙田（Michel de Montaigne）所说："世界上最重要的事情就是认识自我。"[①] 古希腊人也常常把铭言刻在鼎上、墙上或者岩石上，来警示自己展开哲学思考。正如德尔斐神庙门上镌刻着"认识你自己"，警示人们要有自知之明，要时刻不忘认识自己，不认识自己就不能生存。苏霍姆林斯基曾感慨："人生的真谛确实在于认识自己，而且是正确地认识自己。"[②] 开创哲学思想先河的古希腊人，对于自我认识非常重视，而且指引着后人的思想和行为不断发展。

关于自我认识的概念，有学者认为：自我认识是个体对自身的道德品质、思想动机和行为等方面的认识、评价及做出的目标选择。它是自我教育的前提和基础。[③] 自我认识与自我评价是两个不同的概念，但是联系十分紧密。价值论的观点认为，"评价"就是"评定价值"，无关价值评定的就不是评价。[④] 而自我评价包含在自我认识之中，自我认识包括自我认知和自我评价，自我评价总是处于自我认识的中心地位。[⑤] 自我认知是自己对自己的身心特征的认识，而自我评价是在自我认知的基础上对自己做出的某种判断。[⑥] 所以说，自我评价是自我认识的内容范

① 恩斯特·卡西尔：《人论》，甘阳译，上海译文出版社，2013，第3页。
② 瓦·阿·苏霍姆林斯基：《少年的教育和自我教育》，姜励群等译，北京出版社，1984，第235页。
③ 戴晓慧：《高校青年马克思主义者的自我教育研究》，博士学位论文，湖南大学，2017，第47页。
④ 李德顺：《价值论（第三版）》，中国人民大学出版社，2013，第154页。
⑤ 陈新汉：《自我评价论》，上海人民出版社，2011，第97页。
⑥ 时蓉华：《现代社会心理学（第三版）》，华东师范大学出版社，2013，第153页。

畴，自我认识包括自我评价，自我评价使自我认识具有方向性和指向性，自我评价可以促进自我认识的价值体现。

第二节 理论依据

"马克思主义是思想政治教育学科的指导思想、理论基础和根本内容。"[①] 思想政治教育作为马克思主义理论一级学科下的一个独立二级学科，必须以马克思主义理论作为理论指导。因而，本书将马克思主义人的发展理论、思想政治教育主体论和思想政治教育过程论，作为开展大学生自我评价能力及其培养研究的理论基础，并以其他相关理论（发展心理学理论、社会比较理论和社会认知理论）为理论借鉴。

一 马克思主义人的发展理论

用马克思主义人的发展理论来指导大学生自我评价能力及其培养研究，能够使研究保持正确的方向，保证大学生在自我评价中树立正确的价值观、保持正确的政治方向。坚持马克思主义人的发展理论为指导思想，对大学生自我评价能力培养具有重大的意义。

人的自由而全面的发展，是马克思恩格斯追求的理想目标，也是马克思主义者的终极价值追求。早在 1848 年《共产党宣言》发表时，马克思恩格斯就描绘了一幅共产主义的宏伟蓝图："代替那存在着阶级和阶级对立的资产阶级旧社会的，将是这样一个联合体，在那里，每个人的自由发展是一切人的自由发展的条件。"[②] 每个人的自由发展是条件，只有每个人的自由发展才有一切人的自由发展。马克思在《1844 年经济学哲学手稿》中立足于人性的角度围绕着"异化劳动"，探究人的

---

① 曹清燕：《思想政治教育目的研究——基于马克思主义人学视角》，中国社会科学出版社，2011，第 71 页。

② 《马克思恩格斯选集（第一卷）》，人民出版社，2012，第 422 页。

自由解放之路。他指出："一个种的整体特性、种的类特性就在于生命活动的性质，而自由的有意识的活动恰恰就是人的类特性。"[1] 马克思从物质生产的角度阐明人的本质，认为人与动物的根本区别在于，人能够进行生产实践活动，而且人的实践活动是人的自由自觉的活动，人能够有意识地自觉地想问题、办事情。马克思关于人的发展理论除了重视人的自由性，还强调人的全面发展思想。他在《给祖国纪事杂志编辑部的信》中提出："一切民族，不管它们所处的历史环境如何，都注定要走这条道路，——以便最后都达到在保证社会劳动生产力极高度发展的同时又保证每个生产者个人最全面的发展的这样一种经济形态。"[2]

马克思强调人的个性自由，个性自由是指人在发展过程中能够按照自己的意愿、兴趣和社会的需要相对自由地发展自己，而不受任何强制。[3] 具有较高自我评价能力的大学生能够根据社会需要来规范自己的心理和行为，其中起核心作用的是大学生的自我评价标准，他们要自觉地吸收社会要求中对自身发展有用的那部分内容，并将其与个人的内部标准相整合，最终以整合后的自我评价标准为依据，规范自己的心理和行为。根据社会要求来确定自我评价标准是大学生自由选择的过程，对于社会要求的选择、整合是大学生自由的行为，而非受外界因素的强制。培养大学生自我评价能力，最终的培养目标是要促进大学生的发展。大学生在对自己的思想、意愿、行为和人格特点进行全面的了解之后，与社会要求和优秀典型相比较，反思自己的差距和不足，不断调节自己的心理和行为，最终实现全面发展。

将马克思基本原理与中国实际相结合的典范与继承者是毛泽东同志，他在中国革命和建设的实践中特别重视人的发展。毛泽东提出："一切根据和符合于客观事实的思想是正确的思想，一切根据于正确思想的做

---

① 《马克思恩格斯选集（第一卷）》，人民出版社，2012，第56页。
② 《马克思恩格斯选集（第三卷）》，人民出版社，2012，第730页。
③ 闫顺利：《马克思主义发展哲学研究》，人民日报出版社，2006，第46页。

或行动是正确的行动。我们必须发扬这样的思想和行动，必须发扬这种自觉的能动性。"① 而且，他在1957年《关于正确处理人民内部矛盾的问题》中明确指出："我们的教育方针，应该使受教育者在德育、智育、体育几方面都得到发展，成为有社会主义觉悟的有文化的劳动者。"② 毛泽东关于人的发展理论首先强调人的自觉能动性，人的思想和行动需要人的自觉。其次，毛泽东根据社会主义革命和建设的需要，提出人的全面发展是要在德育、智育和体育这三个方面得到发展。可以说，毛泽东关于人的发展理论是对马克思"人的自由而全面发展"理论的继承和发展。毛泽东关于人的发展理论，指明社会主义革命和建设需要培养德育、智育和体育全面发展的劳动者。

邓小平、江泽民、胡锦涛和习近平几位领导人根据我国社会主义现代化建设的需要，进一步使马克思主义人的发展理论在中国得到继承和发展。邓小平认为人的发展应该是内涵式的发展，他在肯定毛泽东"三好"教育方针的基础上，提出了社会主义高等教育人才培育的目标是培养"有理想、有道德、有文化、有纪律"的"四有"新人。③ "四有"新人是社会主义精神文明建设的根本目标和当代任务。

江泽民将促进人的全面发展的目标同发展物质文明与精神文明结合起来，他提出"三个代表"重要思想的落脚点是始终代表中国最广大人民的利益。首先，市场经济的发展使人民的物质生活条件从总体上得到了显著的提高，使人们有了更多的自由发展的可能性。其次，通过发展生产力和发展先进文化，不断推动人的全面发展。人的全面发展不仅体现为物质生活条件的丰富，也体现为文化教育和道德水平的提高。在党的十六大报告中，江泽民再次强调："全民族的思想道德

① 《毛泽东选集（第二卷）》，人民出版社，1991，第477页。
② 王学义、王海萍：《毛泽东、邓小平、江泽民三代领导人关于我国教育方针的哲学理念探析》，《黑龙江高教研究》2002年第1期，第31~32页。
③ 刘玉标：《浅析邓小平教育思想的人本意蕴》，《宝鸡文理学院学报》（社会科学版）2008年第3期，第25~29页。

素质、科学文化素质和健康素质明显提高……形成全面学习、终身学习的学习型社会，促进人的全面发展。"① 江泽民关于人的全面发展理论强调人的综合素质的提高，认为人的全面发展的核心和关键是人的素质的提高。江泽民关于人的发展理论进一步细化了"四有"新人的具体要求，他提出要培养"德育、智育、体育、美育等全面发展的社会主义事业建设者和接班人"。②

胡锦涛关于人的发展理论主要体现在"科学发展观"的思想中，在 2003 年 7 月 28 日的讲话中，胡锦涛提出了"坚持以人为本，树立全面协调、可持续的发展观"。以人为本是以人的全面发展为根本目的，胡锦涛强调要把满足人的全面需求和促进人的全面发展作为经济社会发展的根本出发点和落脚点。

习近平总书记重视人的全面可持续发展，他关于人的发展理论凸显了"以人民中心"的特征。③ 习近平总书记在全国高校思想政治工作会议上强调："思想政治工作从根本上说是做人的工作，必须围绕学生、关照学生、服务学生，不断提高学生思想水平、政治觉悟、道德品质、文化素质，让学生成为德才兼备、全面发展的人才。"④ 在 2018 年全国教育大会上，习近平总书记强调要培养德智体美劳全面发展的社会主义建设者和接班人。⑤

马克思主义人的发展理论作为大学生自我评价能力培养的理论基础，为大学生自我评价能力培养研究提供了理论依据，是大学生自我评价能力培养的目标和根本遵循。毛泽东的"三好"方针，是毛泽东以马克思

---

① 中共中央党史和文献研究院编《全面建成小康社会重要文献选编（上）》，人民出版社、新华出版社，2022，第 468 页。

② 《江泽民文选（第二卷）》，人民出版社，2006，第 332 页。

③ 钱路波：《习近平以人民为中心的经济思想论析》，《改革与战略》2018 年第 1 期，第 10~38 页。

④ 《习近平著作选读（第一卷）》，人民出版社，2023，第 540 页。

⑤ 《习近平：坚持中国特色社会主义教育发展道路 培养德智体美劳全面发展的社会主义建设者和接班人》，习近平系列重要讲话数据库，http://jhsjk.people.cn/article/30284771，2018 年 9 月 11 日。

主义人的发展理论为指导，对中国社会主义革命和建设者提出的具体要求；邓小平提出的"四有"新人和习近平提出的"五个方面"则进一步细化了人的全面发展的具体要求。"三好"、"四有"和"五个方面"是把马克思主义人的发展理论同中国国情结合起来，服务于中国特色社会主义现代化建设需要的根本遵循；也是以马克思主义人的发展理论为指导，把握思想政治教育工作的具体要求、培养目标和根本任务。培养大学生自我评价能力，要以马克思主义人的发展理论为指导，一方面，唤醒大学生自我评价的自觉，提高大学生自我评价的主动性，实现大学生主动开展自我评价来促进自我发展。另一方面，大学生应深刻理解并领会全面发展的丰富内涵，并以社会需要的全面发展人才为目标导向，不断自我反思、自我调节和自我提高。

"思想政治教育学是以马克思主义基本理论和中国特色社会主义理论体系为指导，在总结党的思想政治教育丰富实践经验的基础上，于 20 世纪 80 年代产生的一门综合性应用科学。"[①] 思想政治教育主体论和思想政治教育过程论，对于本书开展大学生自我评价能力培养研究，无论从坚持以人为本、突出大学生主体性的研究视角，还是从深刻认识大学生自我评价能力的培养目标和培养过程，进而提出提升大学生自我评价能力培养水平对策建议的视角来说，都具有重要的理论指导意义。

二　思想政治教育主体论

以约翰·弗里德里希·赫尔巴特（Johann Friedrich Herbart）为典型代表的传统思想政治教育，强调的是通过道德教学来进行道德教育，认为道德教育要通过教学来实施，教学是实施道德教育的基本途径。这种以直接的道德教学为中心来进行的道德教育，过分注重和强调了教师的主体地位和单方面的主体性，忽视了学生在自身品德发展过程中的主体性。[②] 思想

---

① 陈万柏、张耀灿主编《思想政治教育学原理（第三版）》，高等教育出版社，2015，第 1 页。
② 张耀灿、郑永廷、吴潜涛等：《现代思想政治教育学》，人民出版社，2006，第 269 页。

政治教育如果离开了受教育者主体意识的发掘，忽视受教育者自身主体能力的发展，会导致思想政治工作的片面性，从而影响思想政治教育的效果。随后思想政治教育研究者从教育目标的指向角度出发，提出了"客体主体说"。他们认为教育者所进行的思想政治教育活动是为受教育者的成长和发展服务的，受教育者才是教育的主体。[①] 与传统思想政治教育观点不同，现代思想政治教育提出"双主体说"，认为教育者和受教育者是并存于思想政治教育过程中的两个主体。教育者作为教育活动的组织者和实施者，在思想政治教育活动中处于主导地位，是思想政治教育活动的主体。受教育者作为教育对象时，是思想政治教育的客体。然而，受教育者接受教育者的教育影响后，主动开展自我教育时，便是教育的主体。[②]

"双主体说"的提出，将受教育者提高到思想政治教育的主体地位。随后，受教育者在思想政治教育中的自我教育功能逐步受到重视。在大学生思想政治教育中，大学生既是教育的主体又是教育的客体。大学生接受思想政治教育时，是客体；大学生接受教育者的教育影响，主动将符合社会要求的思想观念、价值观念、道德规范内化为自身的行为准则，进行自我教育时，便是教育主体。总的来说，大学生思想政治教育需要教育者的引导，也需要大学生的自我教育。教育者开展的思想政治教育活动是大学生思想政治教育的外因，大学生的自我教育是大学生思想政治教育的内因，在大学生思想政治教育中内因起决定性作用。教育者将社会需求灌输给大学生，社会需求是否被大学生接受并认同，直接决定着思想政治教育的效果。实质上，受教育者并不是被动地接受教育影响，他们在教育过程中也在不断地进行着自我教育。我们要充分调动大学生的积极性和主动性，激发其自我教育的

---

① 田鹏颖、赵美艳：《思想政治教育哲学》，光明日报出版社，2010，第 36 页。
② 陈万柏、张耀灿主编《思想政治教育学原理（第三版）》，高等教育出版社，2015，第147 页。

内在驱动力，促使其积极、主动地开展自我教育，提升思想政治教育效果。

自我评价是自我教育的客观要求，也是自我教育的基础。自我评价可以使评价主体发现自己的缺点和不足，为自我教育提供依据；同时，正确的自我评价，能够让评价主体做出正确的价值选择，为继续开展自我教育奠定基础。① 由此看来，自我评价是自我教育的基础，"自我教育的前提要求自我评价能力的提高"②。具有较高自我评价能力的大学生，能够自由、自觉地开展自我评价活动，并通过自我评价促进自我教育的开展，进而提高思想政治教育效果。以思想政治教育主体论为指导，大学生既是大学生思想政治教育的主体，也是大学生思想政治教育的客体。作为思想政治教育的主体，大学生能够自主开展自我教育。在自我教育过程中，大学生主动将社会要求内化为自我需求，大大提升了思想政治教育的效果。同时，自我评价作为自我教育的基础，能够促进大学生开展自我教育。可以说，自我评价是自我教育的动力。因而，思想政治教育主体论为大学生自我评价能力培养、激发大学生的主体作用提供了理论指导。培养大学生自我评价能力，将促进大学生的主体性发展。同时，在今后的思想政治教育实践中，思想政治教育者要根据社会发展的要求和大学生思想发展的实际，不断修正和完善教育目的，要制定既体现社会要求，又符合大学生思想实际与发展需要的教育目的，不断强化大学生的主体地位。

三 思想政治教育过程论

思想政治教育过程是教育者根据一定社会的思想政治要求和受教育者思想政治素质形成发展的规律，对受教育者实施有目的、有计划和有

---

① 戴晓慧：《高校青年马克思主义者的自我教育研究》，博士学位论文，湖南大学，2017，第50~51 页。

② 郭瞻予：《论引导青少年自我教育的意义及相关理论》，《沈阳师范大学学报》（社会科学版）2004 年第 3 期，第 6~11 页。

组织的教育活动，促使受教育者产生内在的思想矛盾运动，以形成社会所期望的思想政治素质的过程。[1] 首先，思想政治教育过程是"一种活动过程"[2]，它是教育者依据一定的社会要求和受教育者的思想实际以及自身发展需求，并借助一定的教育方式，对受教育者进行思想政治教育活动的过程。思想政治教育是"促进人的思想政治素质形成的过程"[3]。思想政治教育活动是大学生思想政治素质朝正确的发展方向形成的重要保证，组织好、开展好大学生思想政治教育活动，能够促进大学生的思想政治素质形成过程朝着社会要求的方向顺利发展。其次，思想政治教育过程是"教育者、受教育者、教育介体等诸多要素相互作用的复杂的运动过程"[4]，也是各种矛盾运动的过程。诸多矛盾中"受教育者的思想行为与社会要求之间的矛盾"[5] 是思想政治教育的主要矛盾，这一矛盾贯穿思想政治教育过程始终。人的思想品德的形成离不开外部环境因素的影响，特别是有目的、有计划、有组织的教育影响，但归根结底要通过思想品德主体内在的思想矛盾运动来实现。

以思想政治教育过程论为指导，大学生思想政治教育过程中存在大学生的思想行为与社会要求之间的矛盾。大学生的思想与行为很难完全符合社会的要求，二者之间势必存在一定的差距，这一差距便是矛盾。解决这一矛盾，一方面需要教育者把握大学生的思想现状和发展需求，另一方面要努力引导大学生形成合理需求，使之更好地理解、接受并内化社会要求。[6] 大学生内化社会要求，并将其作为自我调整的标准不断修正自我，将不断提升自身的思想政治素质。可以说，大学生思想政治

---

① 张耀灿、郑永廷、吴潜涛等：《现代思想政治教育学》，人民出版社，2006，第324页。
② 张耀灿、郑永廷、吴潜涛等：《现代思想政治教育学》，人民出版社，2006，第324页。
③ 张耀灿、郑永廷、吴潜涛等：《现代思想政治教育学》，人民出版社，2006，第325页。
④ 陈万柏、张耀灿主编《思想政治教育学原理（第三版）》，高等教育出版社，2015，第143页。
⑤ 陈万柏、张耀灿主编《思想政治教育学原理（第三版）》，高等教育出版社，2015，第144页。
⑥ 陈万柏、张耀灿主编《思想政治教育学原理（第三版）》，高等教育出版社，2015，第144页。

素质经历了"矛盾—整合—内化"的过程。随着大学生自我意识的发展，他们的个性需求不断凸显，他们崇尚个性、追求自由，他们寻求个性化的发展。因而，大学生并不是一味地接受社会要求，他们会根据自我的价值标准，选择社会要求中他们认为对自身发展有用的那部分，将其内化为自我发展的需求，据此调整自己的思想和行为。大学生对社会要求的选择过程是个人需求与社会要求相整合的过程。大学生自我评价能力培养以思想政治教育过程论为理论指导，通过大学生个体内在的思想矛盾运动来实现。

　　大学生自我评价能力及其培养研究是思想政治教育视域下的研究内容，培养大学生自我评价能力能够提升大学生思想政治教育效果。同时，大学生自我评价能力及其培养研究也是大学生发展的课题，培养大学生的自我评价能力，最终将促进大学生的发展。大学生的发展是一个"动态发展过程"①，大学生自我评价能力的发展也在经历"矛盾—整合—内化"的循环发展过程。这个发展过程将经历三个阶段：第一，是矛盾产生阶段。大学生通过自我认知，发现自身的现实水平与社会要求之间存在着差距和不足，这个差距和不足便是矛盾；第二，是整合信息阶段。大学生将社会要求与自身需求相比较，接受并选择社会要求中他们认为对自身发展有价值的那部分内容，将其与自身需求相整合，确定自我调整和改变的新标准；第三，是内化阶段，大学生将整合后的价值标准内化为自我发展的新要求，指导自我调整和改变。思想政治教育过程论，一方面指导本书充分认识大学生自我评价能力的发展过程；另一方面，指导本书结合相关参考文献，确定大学生自我评价能力系统的能力维度。具体而言，矛盾的产生是自我认知和自我反思的表现。大学生通过自我认知，全面地认识自我，了解自己在思想、意愿、行为和人格特点方面的现状水平。大学生通过自我反思，认识到自己的思想和行为等方面与

---

　　① 肖楠：《大学生发展及其动态过程的四阶段论》，《当代教育论坛》2014年第2期，第43~48页。

社会发展的客观要求之间，有一定的距离。这个距离便是差距和不足，同时也是大学生在思想、行为等方面与社会要求之间的矛盾。他们通过自我调节来整合价值信息，并确定自我评价标准，且以这一标准来调节自己的心理和行为。

四 其他相关理论借鉴

(一) 发展心理学理论

发展心理学理论对于大学生自我评价能力的发展过程、发展特征具有重要的借鉴意义。基于发展心理学中自我评价的概念，本书明确了自我评价的内容基础，并结合社会心理学的理论知识，界定了大学生自我评价能力的概念。

发展心理学研究个体一生心理发展的特点和规律。具体地说，发展心理学主要研究人的社会性发展年龄特征和认知发展年龄特征。从价值观、兴趣和人格等方面来研究人的社会性发展年龄特征，其中最主要的是研究人的人格年龄特征；从人的感觉、知觉和思维等方面来研究人的认知发展年龄特征，其中最主要的是研究人的思维年龄特征。[①] 发展心理学认为个体心理发展的过程，也是一个社会化的过程。"社会化过程，正是在一定社会环境中，个体在生理和心理两方面的发展而形成适应社会的人格并掌握社会认可的行为方式的过程。"[②] 这种社会化过程是人类彼此有效互动和学会共同生活的过程，也是个体与社会环境互动的过程。根据发展心理学的理论，培养大学生自我评价能力，促进大学生自我评价能力的发展是大学生社会化的过程。随着自我意识的发展，大学生自我评价能力不断成熟和发展，大学生在与社会环境互动的过程中，将经历"自我认知—自我反思—自我调节—自我提升"的过程。为了适应社会发展的要求，大学生不断与社会互动，接受符合社会发

---

① 王秀成：《和谐教育论》，博士学位论文，山东师范大学，2009，第15~53页。
② 林崇德：《发展心理学》，浙江教育出版社，2002，第11页。

展规范的要求并将其内化为自我评价的标准，且以此标准反思自己的差距和不足，最终寻求自身心理和行为的调整和改变。大学生每一次的自我调整和改变都将促进自我的社会化发展。而且，大学生自我评价能力的发展过程是一个螺旋上升发展的过程，每一次自我提升将是下一次自我认知的起点。

发展心理学观点认为，大学生（成人前期）开始表现出真正独立的自我评价能力，"个体不仅能评价自己的内心品质，还能评价个人内部心理活动和行为效果的一致程度，还常常对自己的整个心理和行为面貌进行分析、比较和评价"[1]。自我评价是主体对自己的思想、意愿、行为和人格特点的判断和评价，是自我意识的重要组成部分。[2] 根据发展心理学理论，大学生自我评价是对自己的思想、意愿、行为和人格特点四个方面进行评价。而且，大学生自我评价能力具有评价动力的主动性、评价内容的全面性、评价标准的主观性和评价能力的独立性等特征，这也为研究大学生自我评价能力发展特征，掌握大学生成长规律，进而提出培养大学生自我评价能力的对策建议提供参考和借鉴。

（二）社会认知理论

社会认知理论是班杜拉在社会学习理论的基础上提出的，该理论认为：人既不是由内部力量驱动，也不是被外界刺激自动塑造和控制，人的认知、行为和环境因素这三者作为决定因素共同发挥作用，构成了三合一互动互惠模型。[3] 还强调个体拥有的信念对自身行为和思想的作用。班杜拉认为，信念能使个体对自身的思想、感受和行动进行调控，"人们的所思所想影响着他们的行为方式"。班杜拉勾勒了一个具有五种基本能力的人类自我系统。这五种能力分别是：符号表征、预测、替代、

---

① 林崇德：《发展心理学》，浙江教育出版社，2002，第454页。
② 林崇德：《发展心理学》，浙江教育出版社，2002，第398页。
③ 阿尔伯特·班杜拉：《思想和行动的社会基础：社会认知论》，林颖、王小明、胡谊等译，华东师范大学出版社，2018，第19页。

自我调节和自我反省。社会认知理论的核心是主体能动观。按照这个观点，人是自我组织的、主动的、自我反省的和自我调节的，而不是仅由外界环境所塑造或由潜在内驱力所推动的反应机体。① 班杜拉的社会认知理论还将人描述为一个动态的、信息加工的、问题解决的个体，他认为无论我们是从直接经验中学习还是从替代经验中学习，绝大多数学习都涉及社会环境中的他人，也正是在观察他人和与他人互动的基础上，我们的认知（包括表现标准和道德判断标准）才得到发展②。社会认知理论家们强调，无论环境如何变化，我们都能调节和控制自己的行为。

根据社会认知理论的观点："自我评价不仅对行为起导向作用，而且为行为提供动力。"③ 自我评价活动"是处于主体地位的个体从自身需要出发来看待作为客体的主体属性的过程，也就是主体把经过选择的主体需要与作为客体的主体属性之间所形成的价值关系反映到主体意识中来的过程"④。这与社会认知理论的三合一互利互惠模型思想不谋而合。社会认知理论的核心是主体能动性，自我评价正是强调自我评价活动不仅是客体（理想目标，预设价值、行为和道德规范等）社会评价标准对主体的"唤醒"和"激活"，更是主体自觉自发的调节自我、发展自我的过程。因此，社会认知理论可以为大学生自我评价能力的培养提供理论参考和实践依据。

（三）社会比较理论

社会比较理论是利昂·费斯廷格（Leon Festinger）在 1954 年发表的《社会比较过程理论》一文中提出的。亚里士多德就曾关注过人与人之间的比较问题。一些哲学家，诸如康德、马克思和卢梭等曾针对道德批

---

① 阿尔伯特·班杜拉：《思想和行动的社会基础：社会认知论》，林颖、王小明、胡谊等译，华东师范大学出版社，2018，第 3 页。

② B. R. 赫根汉、马修·H. 奥尔森：《学习理论导论（第七版）》，郭本禹等译，上海教育出版社，2011，第 296 页。

③ 阿尔伯特·班杜拉：《思想和行动的社会基础：社会认知论》，林颖、王小明、胡谊等译，华东师范大学出版社，2018，第 380 页。

④ 陈新汉：《自我评价论》，上海人民出版社，2011，第 82 页。

评和社会不平等问题发表过见解，他们的著作中蕴含着丰富的有关社会比较的思想。然而，社会比较真正成为一种理论离不开费斯汀格等人的工作，费斯汀格认为，人们非常想准确地认识、评估自己。为此，在缺乏明确的标准时，人们常常与自己相似的人比较，个体将自己与他人进行比较，是为了确定自我价值。个体受到社会情境的影响，有时与比自己条件优秀的人相比较，有时与条件不如自己的人相比较，比较的目的是追寻自我价值。① 1977 年，乔治·R. 戈塞尔（George R. Gossels）和约翰·马克龙·达利（John Macron Dali）引入了归因理论，他们认为："个体总是想要和跟自己水平相当的人进行比较，由此来获得有关自己的最好的行为标准。"② 1996 年，伍德（J. V. Wood）认为社会比较是个体想得到与自我有关的他人信息的过程，包括获得社会信息、思考社会信息和对社会信息做出反应三个主要成分。③

在社会比较理论的指导下，大学生的自我评价能力的培养要经历社会比较的过程。人会优先倾向于用客观的标准来评价自己的观点或能力，但在实际评价过程中往往缺乏相应的客观标准。为了方便进行自我评价，人们便会把他人选为比较对象，通过自己与他人的对较，获得对自我的态度、能力等的认识进而获得信息，进行自我评价。这种把自己的状况与他人进行对比的过程，被称为社会比较。大学生进行社会比较的目的是获得关于自己能力和观点的准确的自我评价，这是大学生全面认识自我的有效途径与方法。因此，社会比较理论是大学生自我评价能力的掌舵者，引导大学生自我认知、自我调控、自我完善和自我提高，实现大学生思想政治自我教育效果的最大化。

---

① L. Festinger, "A theory of social comparison processes," *Human Relations*, 1954 (7)：117-140.

② Suls J. M., Miller R. L., "Social comparison processes: theoretical and empirical perspec-tives," *Contemporary Sociology*, 1979.

③ Suls J. M., Wheeler L., "Handbook of social compariSon: theory and research," *Journal of Applied Psychology*, 2000.

第二章　大学生自我评价能力
及其培养的主要内容

第一节　大学生自我评价能力的构成

如前所述，大学生自我评价能力是大学生对自己思想、意愿、行为和人格特点进行全面认知的基础上，自觉地根据社会规范的要求，并参照他人评价，不断地调整自我评价标准，且通过这一评价标准来进行自我反思、调节自己的心理和行为的能力系统。经过较为全面的分析，本书研究了大学生自我评价能力的形成和发展过程，阐释了大学生自我评价能力的构成，即大学生自我评价能力包括自我评价意识、自我评价情感、自我评价知识与技能、自我认知能力、自我反思能力和自我调节能力六个方面。

能力是一种个性心理特征。[①] 自我评价能力的构成是心理学家们在研究个性结构的过程中逐渐明确起来的，他们认为自我评价能力是一个个性结构系统。个性结构是个性心理学的内容之一，国外关于个性结构的研究影响较大的是西方和苏联的心理学家，他们对于个性结构的研究主要集中在对个性结构的因素分析和个性结构的形成过程上，为当代个

---

① 卢家楣、伍新春：《现代心理学基础理论及其教育应用》，上海人民出版社，2014，第441页。

性心理学的研究发展作出了卓越的贡献。西方关于个性结构研究最为典型的代表是奥地利精神病学家、心理学家弗洛伊德，他最早提出了系统的个性理论。他认为人的个性是由无意识、前意识和意识三个不同水平的系统所构成的。弗洛伊德认为人的个性是后天形成的，不是先天就有的。他认为人的个性的形成也就是人的自我的形成。1923 年他在《自我与伊特》一书中，进一步提出个性结构三因素说，认为个性是由"伊特"（id 可译为本我）、自我（ego）和超我（super-ego）三部分组成。

苏联心理学家鲁宾斯坦（Rubinstein）在 1940 年出版的《普通心理学原理》一书中，提出了个性系统结构的观点。他认为，个性包括个性倾向性、能力系统气质、性格系统以及自我调节和自我评价系统四个方面。苏联心理学家彼得罗夫斯基侧重研究人的个性形成过程，认为"人的个性并不是与生俱来的，它是在生活过程中形成的，只有在一定的心理发展水平之上人才具有个性。当人的心理水平发展到一定程度，出现了一定的个性倾向性，出现了本人的观点和态度、个人要求、评价和自我评价。换言之，就是出现了内心环境、内心对自己的要求、内心的制裁，所有这些就使人离开与他本人的道德标准和信念不相同的现实环境而具有相对的稳定性和独立性。在这种发展水平上，人不仅能有意识地作用于周围现实，合乎目的地去改变它，而且也能有意识地作用于本人的个性，按照自己的目的来改变自身，控制自己的行为和活动，甚至控制自己的心理发展"①。

国内研究学者关于个性结构的研究侧重于个性结构的内部因素分析。车文博认为："个性结构（personality structure）是一个多层次的、多水平的、复杂的完整系统。个性结构包括动力结构、特征结构和调节结构。动力结构是个性倾向性，是个性结构中的核心和最高的层次，是人的心理活动的基本动力。特征结构是个性特征，是个性差异的具体表征，如

---

① 〔苏〕彼得罗夫斯基编《年龄与教育心理学》，北京师范大学教育系心理学教研室译，北京师范大学教育系心理学教研室，1980，第 311 页。

能力、气质和性格。调节结构是个性自我调节，是自我意识（如自我评价、自我感受、自我控制）对心理与行为的控制与调节。三者紧密联系在一起，形成一个统一的个性结构系统。"① 有学者通过研究，建立了个性结构的三维模型，如图 2-1 所示，用个性结构的三维模型来认识自我评价能力，认为个性结构由外倾性结构、内倾性结构和心理活动过程这三个维度组成。能力是人的外倾性结构，是个性特质的体现；自我评价是人的内倾性结构，是在自我观察和自我分析的基础上对自己的能力、道德品质、行为等方面的社会价值的评估和判断；心理活动过程包括认识过程、情感过程和意志过程，赋予活动一定的运动状态，为自我评价活动提供动力支持。由此，外倾性结构中的能力、内倾性结构中的自我评价和心理活动过程相互联系在一起的统一体，便构成了人的自我评价能力系统②。

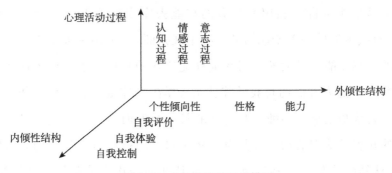

图 2-1　个性结构的三维模型

综上而言，自我评价能力是人的心理发展水平达到一定程度时，个体在自我评价倾向性的驱动下，自觉地开展心理与行为的控制与调节活动的个性结构系统，其中，自我评价倾向性是自我评价活动的基本动力，个体对自己的心理和行为的调节和改变是自我评价能力的外在表现。关于研究大学生自我评价能力的构成，本书认为要根据大学生身份的特殊性和自我发展特点，并围绕大学生自我评价能力结构的构成要素展开。

---

① 　车文博：《心理咨询大百科全书》，浙江科学技术出版社，2001，第 18 页。

② 　张俭福：《初中生自我评价能力》，《教育科学》1996 年第 3 期，第 41~45 页。

首先，大学生自我评价能力是一种个人能力，是一种综合能力，大学生自我评价能力的构成与大学生的其他能力具有相同的构成要素。USEM就业能力模型是由英国学者彼得·奈特（Peter T. Knight）和曼兹·约克（Mantz Yorke）于 2002 年提出的，他们认为 USEM 模型包含四个要素：学科理解力（Understanding）、技能（Skills）、自我效能（Efficacy beliefs）、元认知（Meta-cognition）。[1] 本书认为学科理解力和技能这两个因素，是指大学生对专业知识的理解，以及通过学习所获得的专业技能和通用技能[2]。表现在大学生就业能力方面的学科理解力和技能就是大学生为了获得工作所掌握的专业知识和技能；而表现在大学生自我评价能力方面的学科理解力是大学生对自我评价理论知识的认识和了解水平，技能就是大学生开展自我评价活动依赖的经验和掌握的评价方法等。自我效能是个体对自身利用所拥有的技能去完成某项工作行为的自信程度[3]，自我效能感是关于能力的一种主观判断[4]。表现在大学生就业能力方面的自我效能就是大学生对完成就业工作的自信程度，而表现在大学生自我评价能力方面的自我效能就是大学生对完成自我评价工作的自信程度。元认知是指以各种认知活动的某一个方面作为对象或者对其加以调节的知识或认知活动。被称为"元认知"的核心意义是认为元认知是"关于认知的认知"[5]。具体而言，"元认知的结构成分包括元认知知识、元认知体验和元认知监控。元认知知识，是个体关于自己或他人的认识活动、过程、结果以及与之有关的知识；元认知体验，是伴随认知活动而产生的认知体验或情感体验；元认知监控，是个体在进行认知活动的

① Peter T. Knight, Mantz Yorke, "Employability through the curriculum," *Tertiary Education and Management*, 2002, 8 (4): 261-276.
② 史秋衡、王芳：《我国大学生就业能力的结构问题及要素调适》，《教育研究》2018 年第 4 期，第 51~61 页。
③ Bandura A. Self-efficacy, "Toward a unifying theory of beha-vioral change," *Psychological Review*, 1977, 84 (2): 191.
④ 边玉芳：《学习自我效能感量表的编制》，《心理科学》2004 年第 5 期，第 1218~1222 页。
⑤ 〔美〕弗拉维尔·米勒：《认知发展》，邓赐平译，华东师范大学出版社，2002，第 218 页。

过程中，对自己的认知活动积极进行监控，并相应地对其进行调节，以达到预定的目标。"[1]

有学者认为学生的自我评价要发挥元认知的功能和作用[2]，还有的学者认为学生的自我评价能力实质上是一种元认知能力。项纯将自我评价能力分为认识与态度、经验与能力、过程与方法三个维度，其中包括对自我评价含义和目的等的认识、对自我评价必要性的认识，涉及参与自我评价的积极性、开展自我评价的主动性、自我评价的经历和经验、自我发现能力、自我分析和判断能力、自我监控能力、评价内容、评价标准、评价方法、评价时机、评价结果反馈和反思与调节[3]。还有的学者将自我评价能力分为"对自我评价的认知状况、自我评价的实施状况和教师在学生自我评价中所起的作用三个维度，其中包括学生对自我评价的含义的认识（如是否知道何为自我评价和进行自我评价的目的为何）、对自我评价重要性的认识（如认为自我评价是否有帮助和是否愿意进行自我评价）。学生是否做过自我评价，进行自我评价的时间、场合、频率、参考标准与对结果的处理。教师是否鼓励自评、教师是否传授相关策略、教师是否及时反馈与师生间评价一致性"。[4]

基于彼得·奈特和曼兹·约克提出的 USEM 就业能力模型，并参考史秋衡[5]、韩玉萍[6]、肖继军[7]等人对 USEM 模型内涵的解读与实践应用，

---

[1] 董奇：《论元认知》，《北京师范大学学报》1989 年第 1 期，第 68~74 页。

[2] 戴健：《专业课教学与大学生自我评价能力的培养》，《大学教育》2014 年第 15 期，第 19~22 页。

[3] 项纯：《中小学生自我评价能力的现状、问题与对策》，《教育科学研究》2018 年第 11 期，第 56~61 页。

[4] 黄瑞瑞、张一旦：《高中生自我评价能力的调查与分析》，《教育现代化》2018 年第 10 期，第 326~328 页。

[5] 史秋衡、王芳：《我国大学生就业能力的结构问题及要素调适》，《教育研究》2018 年第 4 期，第 51~61 页。

[6] 韩玉萍、张蓝月、叶海英等：《基于 USEM 模型的大学生就业能力评价与提升策略探究》，《学校党建与思想政治教育》2016 年第 3 期，第 74~76 页。

[7] 肖继军：《基于 USEM 模型的大学生就业能力实证研究》，《系统工程》2012 年第 6 期，第 122~126 页。

结合项纯等人关于学生自我评价能力结构的研究结论，本书提出大学生自我评价能力构成的六个要素：

第一，自我评价意识：大学生只有具备开展自我评价活动的意识，并且充分认识到自我评价活动对于自身发展的积极意义，才能自觉自律地实施评价活动。自我评价意识强的大学生，是主动而非被动地开展自我评价活动，此时的自我评价活动成为大学生自我发展的迫切要求，能够最大限度地促进大学生思想与社会行为的发展。

第二，自我评价情感：自尊、自信和自我效能感。具有良好的自尊，能够让大学生既能看到自身的优点，又能正视自身的缺点，这样他们才能对自己做出正确合理的自我评价。具有良好的自信，能够让大学生相信自己有能力根据自身的差距和不足，做好自我调整和改变。而且，拥有良好自信的大学生，更乐于与比自己优秀的人相比较，并以优秀的模范和同伴为榜样，寻求自我提升。

第三，自我评价知识与技能：自我评价的知识、方法与经验。大学生只有准确把握自我评价的含义，才能够明确自我评价的具体内容。此外，大学生以往开展自我评价活动的经验、掌握的评价方法，以及自我评价结果的反馈效果，对于进一步开展自我评价活动会提供经验借鉴和帮助。

第四，自我认知能力：对自我评价内容的认知能力。大学生只有对自己的思想、意愿、行为和人格特点，即现实自我，有了清晰的认识，明确了"我是谁""我的性格怎么样""我是什么样的人"等现实问题，才能为了实现"我想成为那样的人"的理想自我而发展自我，提升自我。而且，自我认知能力是自我评价能力的基础，只有具有良好的自我认知能力，进一步自我反思查找出的差距和不足才是准确的，才能引导自我调节的准确方向。

第五，自我反思能力：确立了自我评价的评价标准，大学生就要以这一评价标准为准绳，来进行自我反思，以此找到自身差距和不足，这种差距和不足将成为大学生自我调节的行动指南。

第六，自我调节能力：随着自我意识的发展，大学生的社会性不断得到发展。他们要以社会规范为行动遵循，将社会规范中认为对自身发展有利的那部分内容内化为自我发展的价值追求，因此大学生的自我调节能力首先体现在大学生自我评价标准的确立上。其次，大学生的自我调节能力最终体现在对自己的思想和行为的调节上，思想和行为的改变是大学生自我调节能力的外在表现，也是自我评价能力培养的实践要求和最终目标。

大学生自我评价能力六个构成要素是相互影响、相互促进的关系，这六个构成要素合力助推大学生自我评价能力培养。在自我评价意识的动力支持、自我评价的积极情感支持和自我评价知识与技能的指导下，大学生自我评价能力要经历"自我认知—自我反思—自我调节"的过程，最终获得自我提升。每一次自我提升又是下一次自我认知的起点，自我认知能力、自我反思能力和自我调节能力的提升也会提高自我评价意识、自我评价的积极情感和自我评价知识与技能水平。

一 自我评价意识

自我评价意识是大学生自我评价能力发展的动力器，根据车文博的个性结构理论，个性结构包括个性倾向性、个性特征和个性自我调节。苏联心理学家鲁宾斯坦指出："个性倾向性首先是动力倾向问题，它作为动机决定着人的活动，同时决定着活动的目的和任务。"[1] 有学者认为，个性倾向性包括需要、动机、兴趣、信念和世界观等。需要又是个性倾向性乃至整个个性的源泉。只有在需要的推动之下，个性才能得以形成和发展。而动机、兴趣、信念都是人的心理需要的表现形式。这是因为，当内外环境的要求被个体感知、理解和接受并转化成为主观需要

---

① 叶浩生：《心理学理论精粹》，福建教育出版社，2000，第381页。

时，此时的需要就成为直接推动人的主体认识和行动的动力，也就是人的动机[1]。还有学者指出，个性倾向性决定着人对周围世界认识和态度的选择和趋向，决定着人要追求什么、什么是最有价值的，并认为个性倾向性主要包括需要、动机和价值观[2]。综上，大学生自我评价能力是一个个性结构系统，在大学生自我评价能力的结构中，个性倾向性包括需要、动机、信念、世界观和价值观因素，这些因素是大学生开展自我评价活动的核心驱动力，决定着大学生自我评价活动的认识和行动，是大学生自我评价能力的体现。

物质决定意识，意识反作用于物质。意识的这种反作用又叫意识的能动性或主观能动性，是指人类意识一经产生就有能动地反映世界和改造世界的能力[3]。意识的能动作用不仅表现为人类在实践中形成一定的思想，形成活动的目的、计划和方法等观念性的东西，即认识世界，更重要的是以这些思想、方法、计划、目的等观念性的东西为指导和前提，把它在实践中实现出来，变成客观现实，即改造世界。"意识是人脑对客观事物的反映"。马克思和恩格斯认为："意识在任何时候都只能是被意识到了的存在"，"我们的出发点是从事实际活动的人"，而且从他们的现实生活过程中还可以描绘出这一生活过程在意识形态上的反射和反响的发展[4]。"自我意识是人的自觉性、自控力的前提，对自我教育有推动作用。人只有意识到自己是谁、应该做什么的时候，才能自觉自律地去行动。"[5]

所以说，在评价意识研究中，我们看到的是评价活动过程在人们意识中的"反射和反响"。只有大学生具备开展自我评价活动的评价意识，才能自觉自律地实施评价活动，并通过自我评价来促进思想与社会行为

---

[1] 陈鹏：《大学生心理素质培养》，国防科技大学出版社，2003，第11页。
[2] 曾本君：《大学生心理健康教育》，电子科技大学出版社，2016，第102页。
[3] 岳川夫：《政治理论》，华东理工大学出版社，2006，第58页。
[4] 《马克思恩格斯选集（第一卷）》，人民出版社，2012，第152页。
[5] 张云仙、孟丽娟：《大学生心理素质训练》，人民出版社，2016，第29页。

的发展，提高自我教育能力。此外，大学生充分认识到自我评价活动对于自身发展的积极意义，并且认为自我评价对处于自我意识发展关键期的大学生是非常有必要的，也能够提高大学生的自我评价意识，从而增强大学生自我评价的主动性。

二 自我评价情感

自我评价情感是大学生自我评价能力发展的情感支持，自我体验是自我意识的情感成分，它是主体对自身的认识而引起的内心情感体验，如自信、自卑、自尊、内疚等。[①] 自尊是每个人对自己的全面评价，是一个人所有的自我图式和可能自我的总和。[②] 自尊代表了人们如何看待自己的品质与特征、成功与失败以及自我价值。自尊高的人，认为自己是有价值的、值得被爱的、令人喜欢的、优越的、能干的人。高自尊意味着一个人具有很高的自我价值感，他们自我感觉十分良好，这样的人遇事会更加积极、乐观，主动性更强。在自我评价活动中，高自尊的人能够深刻全面地评价自己，他们能够充分认识自己的优点，也能够正视自己的缺点，他们不会因自己存在某些不足而自卑甚至丧失信心，他们能够合理地开展自我评价。而且，高自尊个体往往对自己的评价更加积极。[③] 而低自尊的人在成长过程中经常会遇到各种困境，如孤独、焦虑、人际交往困难、学习压力大、抗挫折能力差等，这样的人往往看不到自己的价值，只看到自己的不足，认为自己什么都不如别人，认为自己处处低人一等。低自尊的人在自我评价中，往往只看到自己的不足，这会导致自我评价偏低。

自信就是相信自己，自信是对自己能力的肯定。有自信，意味着个体认为自己有能力在重要的场合采取恰当的行动。充满自信的大学生在

①　卢家楣：《青少年心理与辅导》，上海教育出版社，2011，第 119 页。
②　严虎：《家长心理学入门》，湖南教育出版社，2018，第 9 页。
③　钟毅平、陈智勇、罗西等：《自我肯定对自尊及自我评价的影响》，《中国临床心理学杂志》2014 年第 3 期，第 390~394 页。

全面认识自己的思想、意愿、行为和人格特点的基础上，能够实事求是地看待自己。他们相信自己各方面都有可取之处，相信自己能够弥补自身存在的不足，也能够看到自己各方面还有很大的潜力可以挖掘。而且，自信使大学生可以主动、积极地去应对生活中的各种问题和困难，并使其保持心情的宁静。此外，自信可以帮助大学生发现自己的长处，从而产生一种积极进取的成就动机，激励自己去发挥特长，以达到自我实现的目标。然而，盲目的自信会导致自卑和自负，自卑和自负都是自信的误区。自卑的人往往轻视自己，容易拿自己的缺点与别人的优点相比较，进而觉得自己毫无价值、低人一等，这样的大学生容易出现自我评价偏低；而自负的人自视过高，瞧不起别人，以自我为中心，听不进去别人的意见，这样的大学生容易出现自我评价偏高。

社会学习理论的创始人班杜拉在 1982 年提出了自我效能理论，他认为自我效能感是"人们对自身利用所拥有的技能去完成某项工作行为的自信程度"。[1] 自我效能感有别于自信，自我效能感是对个体有能力完成某事的信心的测量。自我效能感强的大学生，对于自己能够做好心理和行为自我调节的信心较大。而且，自我效能感影响个体的努力程度，自我效能感强的大学生，能够积极克服困难，努力寻求自我调节的方法。

三 自我评价知识与技能

自我评价知识与技能是大学生自我评价能力发展的基础条件，传统心理学的知识观受哲学思想的影响，认为知识是人们在社会实践中所获得的认识和经验的总和[2]。我国心理学家认为："知识是个体通过与其环境相互作用后获得的信息及其组织。"[3] 关于知识的分类，根据知识的来源，可以分为直接经验知识和间接经验知识；根据知识反映事物的层次，

---

① 岳晓东：《写好孩子的人生脚本》，民主与建设出版社，2019，第 250 页。
② 中国社会科学院语言研究所词典编辑室编《现代汉语词典（第 6 版）》，商务印书馆，2012，第 1668 页。
③ 皮连生：《学与教的心理学》，华东师范大学出版社，1997，第 101 页。

可以分为感性知识和理性知识；根据知识反映事物的范围，可以分为一般知识和特殊知识；根据知识传递的难易，可以分为编码化知识和经验类知识；根据知识解决问题的功能，可以分为描述性知识和程序性知识。[①] 自我评价知识是大学生所学习、掌握到的有关自我评价的理论知识，属于描述性知识，包括自我评价的含义、自我评价的具体内容、自我评价的目的和意义等理论知识。掌握了自我评价的理论知识，能够让大学生明确自我评价是评价自己的哪些方面，自我评价能力的培养对于自身发展有哪些积极意义，等等。这样，才能够让大学生充分认识到大学生自我评价能力培养的重要性，而且把握自我评价的方向，进而提高大学生自我评价的主动性和积极性。

技能是人们通过有计划地训练而形成的自动化的动作方式。[②] 技能一般是通过工作的速度与精度、动作的协调性与熟练性表现出来。技能包括专业知识技能、自我管理技能和可迁移技能。而本书的技能专指大学生所习得和掌握的自我评价方法以及自我评价经验。其中，自我评价方法是大学生开展自我评价活动的工具和有力武器，大学生采用恰当的自我评价方法开展自我评价活动，能够促进自我评价活动的有力开展，从而提高自身的自我评价能力。而且，以往开展自我评价的经历和经验可以为大学生的自我评价活动提供经验借鉴和帮助。知识和技能是能力的基础，能力的形成和发展依赖知识和技能的获得。随着人的知识和技能的积累和提升，人的能力也会不断提高。能力是学习者对学到的知识和技能内化的产物。适当的自我评价理论知识背景以及实践应用能力是大学生自我评价的基础条件，是考察大学生自我评价能力不可或缺的构成要素。

四　自我认知能力

自我认知能力是大学生自我评价能力发展的基础保障。古希腊著名

① 张大均：《教育心理学》，人民教育出版社，2015，第201~202页。
② 许晓青：《人际关系管理实务》，复旦大学出版社，2013，第46页。

哲学家苏格拉底说过"认识你自己",希腊人还把"认识你自己"作为铭文刻在德尔斐神庙上,苏霍姆林斯基(Sukhomlinsky)也说"人生的真谛确实在于认识自己,而且是正确地认识自己"[1]。我国思想家老子曾说过"知人者智,自知者明",中国古人常言"人贵有自知之明",可见自我认知的重要性。

"自我认知是个体对自己存在的觉察,包括对自己的行为和心理状态的认知。"[2] G. W. 奥尔波特(Olport)在《人格的模式与成长》一书中,提出了一系列关于自我意识的概念,他认为自我状态是逐渐发展起来的,即从生理自我到社会自我,最后发展到心理自我。因此在对自我的进一步研究中,有学者将自我认知的内容划分为生理自我、社会自我和心理自我。[3] 生理自我认知是指个体对自身生理属性的认识,如身高、体重、性别、肤色等;社会自我是指个体对自身社会属性的认识,如自己在社会关系中的角色、地位等;心理自我是指个体对自身心理属性的认识,包括情绪状态、意志、能力、性格、兴趣等。青年时期的自我认知特征表现为不再依靠父母和老师、变得独立,由于"自我"的觉醒,对自己的关注度提高了,并且通过自己与他人进行比较来观察处于社会中的自己。[4] 还有的学者认为自我认知除了从内容上可以划分为生理自我、社会自我和心理自我外,从形式上可以划分为理想自我、现实自我和他人自我。[5] 大学生的自我认知首先要明确"认识自己的哪些方面",即认识自我的发展状态,这是大学生针对"我是谁""我的性格怎么样""我是什么样的人"的"现实自我"探索过程。而"理想自我"是在探索"我要成为什么样的人""我应该是什么样的人"。

自我认知能力也能够促进良好人际关系的建立,自我认知水平高的

---

①　〔苏〕苏霍姆林斯基:《少年教育与自我教育》,姜励群译,北京出版社,1984,第235页。

②　张卿、王孝胜:《大学生职业生涯规划与就业指导》,西北工业大学出版社,2018,第4页。

③　吴吉明、王凤英:《现代职业素养》,北京理工大学出版社,2018,第57页。

④　〔日〕深堀元文:《图解心理学》,侯铎译,天津教育出版社,2007,第123页。

⑤　马勇琼:《心理教育能力实训教程》,西南交通大学出版社,2015,第38页。

个体具有正面的自我概念，在适应同伴关系环境过程中，会采取积极主动的行为应对同伴关系变化，保持良好的同伴关系。[1] 而且，良好的人际交往有助于提高大学生的自我认知和评价能力。[2] 自我意识包括自我认识、自我体验和自我控制。[3] 自我认识又包括自我认知和自我评价。总的来说，自我认知是个体对自身身心特征的认识，而自我评价是在自我认知的基础上对自己做出的某种判断。[4] 自我意识不是与生俱来的，个体对自己的认知以及在此基础上的自我评价是随着个体认知能力的发展逐渐建立起来的，认知能力的良好发展能够促进个体准确的自我评价。大学生具有"自知之明"，才能清楚地认识到自己的长处和不足，这样有助于他发扬优点，克服缺点；大学生具有准确的"自知之明"，才能清楚地了解自己是什么样的人、要成为什么样的人，以及什么样的人才是社会需要的，才能正确地对自己做出评价。

根据前文概念的界定，本书认为大学生的自我认知是大学生对自己的思想、意愿、行为和人格特点四个方面的理性认识。由此，大学生自我认知能力包括大学生对自己的思想方面的认知能力、大学生对自己意愿方面的认知能力、大学生对自己行为方面的认知能力和大学生对自己人格特点方面的认知能力，简称思想认知、意愿认知、行为认知和人格特点认知。关于具体探究的这四个方面的哪些内容，本书认为应该充分考虑大学生自我发展的个体性和社会性，也要考虑大学生身份的特殊性和心理发展特征等多方面因素。

首先，思想认知是大学生对自己的世界观、人生观、价值观、道德观、社交观、恋爱观的认识和了解。《简明社会科学词典》对思想的解释是："思想亦称'观念'，是相对于感觉、印象的一种认识成果，属于

---

[1] 王睿、张瑞星、康佳迅：《积极心理干预对大学生手机成瘾的影响效果研究》，《现代预防医学》2018年第9期，第1653~1666页。
[2] 张曼华：《大学生心理健康教育（第2版）》，江苏凤凰科学技术出版社，2018，第77页。
[3] 陈小梅：《大学生心理健康教育》，厦门大学出版社，2019，第45页。
[4] 时蓉华：《现代社会心理学（第三版）》，华东师范大学出版社，2013，第153页。

理性认识。"① 李屏南是我国较早开展人的思想结构研究的学者，他将人的思想结构从内容构成上分为两类：一是关于世界观、方法论以及各种具体认知观的认知类；二是理想和价值需求类，包括社会理想、道德理想、职业理想、生活理想，以及物质价值、精神价值和人的价值。② 还有学者调查分析了大学生在人生观、价值观、道德观、社交观和婚恋观几个方面的思想困惑及其原因。大学阶段是自我意识发展的关键时期，大学生的世界观、人生观、价值观、道德观、社交观和恋爱观不断成熟和发展，这些观念直接反映他们的思想状态，并决定他们的外在行为表现。

其次，意愿认知是大学生对自己职业意愿、生活意愿和学习意愿的认识和了解。近年来，随着高等教育大众化时代的到来，高校毕业生就业环境和就业形势发生了根本性的变化。大学阶段是大学生进入职业领域前系统的、完整的准备阶段。大学生关心自己的前途、理想和就业，但是关于如何选择适合自己的职业、通过什么样的职业去实现自己的理想等方面又十分迷茫。大学生往往对自己愿意到哪个地区、哪个行业、哪个企业从事具体什么样的工作等问题缺乏清晰的认识。大学生如果具有明确的职业意愿，毕业时更容易顺利地去选择自己的职业，而且在校园当中能够针对自己的职业意愿，根据社会对大学生的需求情况来完善自己的知识结构、能力结构和提高自己的综合素质。学习和就业是大学生的主要任务，学习的目的之一是将来实现满意的就业和生活，因此大学生的职业意愿和生活意愿对大学生的学习活动具有重要的指导作用。

再次，行为认知是大学生对自己的行动力和自控力的认识和了解。思想可以决定行为，人的观念影响了人的行为特征，确立了人的行为方向。大学生在认知上追求创新、追求卓越，表现出比较积极主动的精神

① 编辑委员会编《简明社会科学词典（第2版）》，上海辞书出版社，1984，第745页。
② 李屏南：《论人的思想结构》，《湖南师范大学社会科学学报》1997年第5期，第24~29页。

状态，但是行动上往往落实不力，主观能动性发挥不够，投身实践的勇气和能力欠缺。而且，身处纷繁复杂的人际交往之中，大学生面临众多休闲娱乐项目的诱惑，难免放松自我；他们还参与丰富多彩的校园文化活动。这些往往导致大学生没有平衡好学习、生活和社会工作的关系，产生知行反差。认识和了解自己的行为特点，有利于大学生反思和调整自己的行为。

最后，人格特点认知是大学生对自己的性格、气质类型、兴趣方面的认识和了解。气质与性格是人格的重要方面。气质本身无优劣之分，任何一种气质都有其积极和消极的方面。大学生认识和了解自己的气质类型，经常有意识地控制自己气质中的消极品质，发扬积极品质，有利于形成良好的个性。

五　自我反思能力

自我反思能力是大学生自我评价能力发展的助推器，孔子曰："学而不思则罔，思而不学则殆。"这指出了思考和学习的关系。我国最早的教育著作《学记》中说："学然后知不足，教然后知困。知不足，然后能自反也；知困，然后能自强也。"古人不断强调反思在学习中具有积极作用。2016 年 9 月 13 日，《中国学生发展核心素养》研究成果发布，明确提出我们的教育任务是围绕"一个核心"，从"三个方面"来提升学生的"六大素养"。要围绕培养"全面发展的人"这一核心，并且从文化基础、自主发展和社会参与这三个方面，来培养学生的人文底蕴、科学精神、学会学习、健康生活、责任担当和实践创新这六大素养。该研究成果强调，学会学习素养中"勤于反思"是重点。

自我反思立足现实，是对现实自我的反思。马克思主义的自我反思强调要立足当代的社会实际，并且以社会实践作为唯一的标准。由此，本书认为大学生的自我反思要立足大学生的现实情况，也就是要立足个体对自我的认知，并在认知的基础上切合实际地反思自我。学者对自我反思能力的研究主要集中在它的社会功能和动力机制上。自我反思能力的社会功能主要体现在教师的教学和学生的学习实践活动中：作为教师的职业能力，自我反思能力是指教师能够运用批判和审视的眼光看待自己的思想、观念和行为，并作出理性的判断和选择，从而完善自己的教学方法和教学理念的一种能力；[1] 作为学生的学习能力，研究者基于实证研究认为，通过自我反思，学生们对测试题的特征进行分析，与以往的解题经验相比较，寻找最好的方法，能够促进学生获得高效的解题策略，并且使用解题策略[2]。自我反思能力的动力机制体现在自我反思能力能够促进自我的发展。"自我反思能力越强，教师在其专业发展的过程中越会表现出更强的主动性和自觉性，从而促使教师自主性教学行为的提高以及自身知识结构的调整和完善。也只有通过提升教师的自我反思能力，才能促使教师获得真正的自主发展。"[3] 在课程评价中的自我反思能力，能够帮助个体更深刻地发现问题、更有效地改进活动，从而发展自己。[4]

而且，自我反思能力能够把控行动方案的合理性，正如霍克海默（M. Horkheimer）说："人的行动和目的绝非盲目的必然性的产物。无论科学概念还是生活方式，无论流行的思维方式还是流行的原则规范，我们都不应盲目接受，更不能不加批判地仿效。"[5] 人的行动不是盲目地、被动地接受，而是在自我反思中寻求有效的行动模式。人们往往是凭借自我反思能力反思自己的思想和行为的适当性，通过自我反思这种自我

---

① 周海银：《教育教学知识与能力》，中国经济出版社，2015，第55页。
② 张璟、沃建中、林崇德：《自我反思对初中生解题策略的影响》，《应用心理学》2005年第4期，第302~306页。
③ 侯莉敏：《新视界幼儿园管理——人本视域下的幼儿园教师专业发展》，北京少年儿童出版社，2013，第110页。
④ 周卫勇：《走向发展性课程评价——谈新课程的评价改革》，北京大学出版社，2002，第5页。
⑤ 〔德〕霍克海默：《批判理论》，李小兵译，重庆出版社，1989，第243页。

参照思维评价他们获得的经验并改变他们的想法和行为。[①]

大学生通过自我认知，对自己的思想、意愿、行为和人格特点有了理性的认识，在此基础上，大学生要依据自我评价标准反思被认识到的现实自我，找到现实自我和理想自我的差距。自我反思能力越强，对于这种差距认识得越全面、具体和深刻，越能助推大学生以差距为动力做出自我的调整和改变。

六 自我调节能力

自我调节能力是大学生自我评价能力发展的行动目标。在多元价值观并存的时代，美国精神医学学者里夫顿（Lifton）认为，不应该再去寻求自我同一性的确立，而是要根据情况的需要不断改变自己，来适应这个时代。[②] 里夫顿表达了人最应该做的是努力改变自己来适应社会的思想。

自我的概念、自我的发展，一直是心理学家们研究的重点。大学生随着自我意识的不断发展、对外界认识的提高、生活经验的不断丰富，开始更加关注自己的内心世界，迫切要求深入地了解自己和发展自己，力图从现实与理想的关系中认识自己、把握自己、要求自己，以此来完善自己，在自我发展中出现了主我与客我、理想自我与现实自我的分化。心理学家詹姆斯将自我划分为主我和客我，罗杰斯（Rogers）根据自己的临床实践，提出了现实自我与理想自我的概念。主我是主体的我，是作为观察者的自我；客我是客观的自我，是作为被观察者的自我。"作为观察的自我往往是'理想的自我'，作为被观察的自我往往是'现实的自我'。理想的自我，是一个人按照道德标准和社会要求形成的关于他想成为一个什么人的总观点。现实的自我，是关于他们确实像什么样

---

① 边玉芳：《学习自我效能感量表的编制与应用》，博士学位论文，华东师范大学，2003，第11页。

② 〔日〕深堀元文：《图解心理学》，侯铎译，天津教育出版社，2007，第123页。

人的思想和态度。"[1] 大学生自我评价的矛盾性主要体现在理想我与现实我、主体我与社会我之间的矛盾,这种矛盾性成为自我激励、自我教育的原动力。埃里克森提出了自我同一性理论,认为大学生不断地对"我是谁""我将成为怎样的人"等问题进行思考和探索。[2] 作为教育工作者,我们要帮助大学生实现自我的统一,这种统一包括个人与社会、个人的主体方面与客体方面、对个人历史任务的认识与个人愿望的统一。[3] 归根结底,大学生自我同一性的发展就是要实现个人与社会、现实自我与理想自我的统一。根据杨丽珠的观点,理想自我遵循道德标准和社会要求,大学生自我评价要求大学生正视现实自我与理想自我的差距,并以理想自我为标准,通过自我教育促进自我发展。由此,理想自我是大学生自我评价的标准,而且这种评价标准要符合社会的道德标准和要求。大学生以此标准为准绳,开展自我评价活动。大学生根据自我评价标准调节自己的心理和行为的能力就是自我调节能力。

大学生的自我调节能力首先体现为大学生自我评价标准的确立。卡洛伊(Karoly)认为自我调节是指能够在不同时间、不同情境下指导个体的目标导向性行为的内部性或执行性过程。自我调节包含目标选择、目标认识、维持方向、变换方向和目标终止五个阶段。[4] 其中蕴含着自我调节是个体对目标识别和调整的过程,而且确定的目标具有导向性作用。大学生的自我评价标准是随着自我的发展而不断发展的,是理想自我对现实自我的要求。自我评价标准的形成蕴含着价值标准的选择过程。马克思主义认为,人是社会的人,他们的任何意识都与社会有关。大学生不是孤立存在的,而是存在于社会中的个体,他们要适应社会,自我评价的评价标准就是要遵从社会评价标准。社会评价标准的"硬件系

---

① 杨丽珠:《儿童心理学纲要》,社会科学文献出版社,2002,第143页。
② 李晓东:《发展心理学》,北京大学出版社,2013,第175页。
③ 黄希庭:《人格心理学》,浙江教育出版社,1996,第421页。
④ 时蓉华:《现代社会心理学(第三版)》,华东师范大学出版社,2013,第146页。

统"或外在形式，是指社会中成文的法律和规范体系，如制度、规范、条例等，这些相对固定的评价标准，成为社会评价的根据和准则，作为评价的硬标准。社会评价标准的"软件系统"或内在形式，是指社会世界观、方法论、价值观念等，成为评价的软标准。① 自我的统一与转化不是一次完成的，而是一个"自我分化—矛盾—统一——再分化—矛盾—统一"的过程。② 每一次的统一，实现了理想自我与现实自我的统一，但随之新的自我也产生了，自我又经历新一轮的"分化—矛盾—统一"。所以，大学生的自我发展是循环上升、不断发展的过程。"高校思想政治教育内化的阶段性与大学生的自我意识分化、统一、转化和稳定的发展过程相一致。"③ "社会发展所需要的思想观念、价值观点、道德规范"是社会标准。因此，大学生自我发展的过程中，要将社会标准纳入自己的态度体系，内化为自我发展的主体需求，形成自我的评价标准。

有学者认为自我评价活动包括评价标准的选择过程和整合过程。主体需要必须成为主体意识到了的需要即利益，才能作为主体在自我评价中的评价标准。所以，在自我评价活动中，主体必须对自我评价标准体系中的各种标准进行权衡比较，做出价值选择，最终确定自我评价活动的标准。④ 在自我评价活动中，主体选择的自由性体现着恩格斯所说的"人的思维至上性"⑤，主体经过这种价值选择从而确定自我的评价标准是主体能动性的重要体现。"在评价标准背后决定它的，是价值标准。"⑥ "评价标准和价值标准是人们在评价时所依据的价值尺度。"⑦ 价值信息的整合过程，是指主体在自我评价活动中必须用规范、价值判断和评价推

① 李德顺：《价值论（第3版）》，中国人民大学出版社，2013，第199~200页。
② 肖旭：《社会心理学》，电子科技大学出版社，2013，第96页。
③ 唐登蕓、吴满意：《新时代高校思想政治教育内化的价值、逻辑与改进》，《思想教育研究》2018年第8期，第95~100页。
④ 陈新汉：《自我评价论》，人民出版社，2011，第84页。
⑤ 《马克思恩格斯选集（第三卷）》，人民出版社，2012，第462页。
⑥ 李德顺：《价值论》，中国人民大学出版社，2013，第176页。
⑦ 李德顺：《价值论》，中国人民大学出版社，2013，第174页。

理等思维形式来整合反映到主体意识中的价值信息。[①] 因此，在大学生的自我评价活动中，自我评价标准的建立具有主观性和选择性，大学生的自我评价标准要经历外在社会标准与大学生内在价值尺度"矛盾—整合—内化"的过程，大学生要将社会标准中自认为有用的那部分内化为主体需求，这种主体需求是大学生的一种价值判断和价值选择。

大学生的自我调节能力还体现在大学生要依据自我评价标准，调节自己的心理和行为。柯尔伯格（Kohlberg）认为，准确的自我评价是调节道德行为的内在稳定的动力，也是行为主体通过对道德原则和规范的自我体验而使之内化为道德信念的过程。"准确的自我评价能够找到个体预设的行为标准和自我观察之间的差距，从而激活、指导和调控自己的行为，发挥自我调节的作用。"[②] 自我评价标准遵从了社会标准，因而大学生对自我思想和行为的调节具有社会性，是为了适应社会而做出的调节和改变。自我调节的目标也就是自我评价能力培养的目标，是为了促进大学生的自我和心理健康发展，帮助大学生社会性发展。

第二节　大学生自我评价能力的特征

大学生的心理发展任务。按照心理学理论的年龄划分，成人前期又称为青年晚期，是指 18~35 岁这个年龄阶段的个体发展期。早在 20 世纪 30 年代，威廉·詹姆斯就提出成人前期的发展任务。他认为，青年男女为了获得心理上的适应，必须达到两个目标：一是从精神上脱离家庭而走向独立；二是建立与异性朋友之间的良好关系。另外，社会要求也决定着大学生的发展任务。任何成人个体作为一名社会成员，需要符合特定社会的要求，积极地承担社会义务，很好地执行社会行为准则，因此，大学生必须逐步适应并自觉按照社会要求采取行动。

---

① 陈新汉：《自我评价论》，人民出版社，2011，第 84 页。
② 李彬：《自我评价与大学生发展》，《江苏高教》2004 年第 4 期，第 101~103 页。

大学生脱离父母，独自在外求学，将面临一系列的适应过程，也将面临一系列新的发展任务，根据社会要求表现在大学生身上的发展任务，就是学习深造和就业创业这两个紧迫且现实的重大问题。同时，大学生经历社会角色的变化，体现在如下几个方面。第一，从非公民到公民的角色转变，按照我国宪法或者法律规定，公民必须遵守和履行基本义务，也享有包括政治、经济、文化和社会各个方面的基本权利。大学生的年龄特点决定他们刚迈入大学就经历非公民到公民角色的转变。第二，从单身到恋爱，甚至步入婚姻状态的角色转变。第三，从学生到职业人员的角色转变，大学时期是他们从学生角色向职业人过渡的时期，他们要经历一系列的职业探索，直至顺利步入职场。这些角色的转变，也推动着大学生的心理发展。

大学时期自我观的内容极大地丰富和分化，这一时期自我观开始具备复杂的多维度、多层次的心理结构。独立意识明显发展，他们对自己的独立地位有了更加明确的认识，已经自主和自立。大学生关注自己的个性发展，他们认识到自身整体形象在社会生活中的重要性，开始关心和调整自己个性中的优点和缺点，所以对他人关于自己的评价和看法非常敏感。而且，大学生开始表现出真正独立的自我评价能力，他们不仅能评价自己的内心品质，而且能评价个人内部心理活动和行为效果的一致程度，还常常对自己的整个心理和行为面貌进行分析、比较、评价。大学生自我评价能力的发展特征具体有如下几个方面。

一　自我评价动力的主动性和盲目性

自我评价是个体建立在反省意识上的对自己进行评估，其动力主要来自自我尊重动机和自我效能动机。自我尊重动机即个人通过选择知觉、重组记忆和自我防卫机制等策略，来理解自己的体验和解释现实以维护积极的自我概念的统一性。自我效能动机则是建立在把自己的理解和体验转化为有效能、有能力、能成功的个体需求基础上的。对这两种动机的压抑或抑制，会导致自我独立意向和自我同一感受的动摇或紊乱。①大学生正处在自我尊重动机和自我效能动机强盛的重要发展时期，具有时时处处重视自我评价的心理需求。大学生倾向于用自己的观点来认识并评价客观事物，不愿盲目地接受和追随他人的观点，趋向于形成关于自己与他人、社会关系的比较固定和全面的善恶是非标准，往往形成了比较符合实际的人格特点、职业意向，以及爱情和家庭等方面的追求和理想。随着抽象思维能力的发展，人的价值思维更倾向于从一般意义上探求自己与外部世界的关系问题。这些都为大学生实现较高水平的自我评价提供了重要的精神基础。②可以说，大学生的自我评价是指在自我尊重和自我效能双重动机的推动下，大学生对自己生活内容的主动盘点和审视，具体内容涉及自己的生理状况、心理特征、自己与周围人的关系、自己在群体中的位置和作用、自己的社会身份和地位等方面。

与此同时，尽管大学生正处于求知需求旺盛、认知思维敏捷、个性趋向成熟、发展愿望强烈的重要发展阶段，但这个阶段也是他们社会经验不足的成长时期，他们的生活内容构成还有一定的不确定性。他们虽然具有了一定方向性的职业认同，但对未来的社会角色尚不十分清晰。尽管他们对各种问题有自己一定的见解，但其价值认识依据和价值观念体系尚不稳定。加之大学生的精神自我处于运动幅度大、包含内容广、运行机制不稳定的发展阶段，所以他们的心理感受比较复杂，常常出现这样或那样的心理困惑，容易使其自我评价的价值取向和衡量标准陷入盲目和混乱之中。特别是有的学生不能对自己所处环境和所追求目标进行客观分析，当主观愿望不能实现时，易形成挫折感并降低自我分析的自觉性，从而产生自我评价的盲目性，使自我评价过高或过低，而评价

---

① 辽宁省教委思想政治教育处·整体构建学校德育体系的研究与实验课题组：《大学生心理学导论》，大连理工大学出版社，1998，第47页。

② 杨连生：《从"自我意识"看人生观教育》，《辽宁高等教育研究》1991年第9期，第78~80页。

过高易形成狂妄心态，评价过低则易于失去自信或自暴自弃。

二 自我评价内容的全面性和矛盾性

大学生自我评价内容的全面性表现在他们不仅关心自己的外表、行为举止等外在特征，更关注自己的性格、智力、交往能力、组织才能等内在因素。[①] 这一全面性特征也是随着自我意识的发展逐步表现出来的。儿童能从学业成绩、运动能力、社会接纳性、身体外表和行为表现方面直接评价自己，并出现对内心品质进行评价的初步倾向，但是直到小学高年级，儿童所进行的抽象性评价如理想、抱负，和对内心世界的评价如谦虚、诚实等仍然不多。[②] 青少年开始独立评价自己的内心品质。[③]；而对于大学生来说，其心理活动的深度和广度得到进一步发展，能够独立自主地对自己进行全面的评价。实际上，在大学生的自我评价过程中，自我评价的内容和标准不是自然而然地摆在那里的，而是在个体经受多种因素影响下的发展历程中，由依赖成人评价转变为逐渐把成人的评价内容和标准内化为自己的评价内容和标准，再到依据个体的具体情况开展自我评价。可以说，大学生自我评价的内容涉及个体生活的方方面面，他们的自我评价内容复杂而全面。与此同时，我们也必须注意到内容全面而丰富的自我评价，其总体目标是追求自我同一性，或者说是寻求对自己的过去、现在和将来的一致性和肯定性解释。

自我评价内容和过程的复杂性必然蕴含着评价内容的矛盾性。大学生自我评价内容矛盾性的主要根源在于其理想自我与现实自我的不统一。理想自我是一个人按照道德标准和社会要求形成的关于他想成为什么人的总观点，现实自我是关于他确实像什么人的思想和态度，理想自我和现实自我间往往存在一定的差距。[④] 如果能够正视这种差距和不足，大

---

① 王春生、杨苏平：《大学生心理健康导论》，厦门大学出版社，2018，第23页。
② 林崇德主编《发展心理学》，人民教育出版社，2018，第319页。
③ 林崇德主编《发展心理学》，人民教育出版社，2018，第373页。
④ 杨丽珠：《儿童心理学纲要》，社会科学文献出版社，1996，第421页。

学生就能按照社会要求不断完善自己，积极实现理想自我与现实自我的统一。但是大学阶段是人生中充满憧憬的时期，有的大学生自我期望值偏高，他们往往对理想自我的设计过高，这样就使理想自我与现实自我间的差距加大。如果理想自我与现实自我之间的距离过大的话，会让大学生认为自己的人生理想无法实现，致使他们自我评价出现偏差，容易让他们产生失落感和挫败感等消极心理。

三　自我评价标准的主观性和模糊性

自我评价活动是把经过选择的主体需要与作为客体的主体属性之间所形成的价值关系反映到主体意识中来的过程。前文指出，主体需要必须上升到主体意识到了的需要即利益，才能作为主体在自我评价活动中的标准。大学生按照社会的规范和准则来评价自己，就能够使自我评价在自身的发展中发挥积极的推动作用；而以"个人价值"为中心的自我评价则是在进行自我评价过程中，将满足个人需求或实现个人价值作为自我评价标准。自我评价标准的主观性反映了大学生的自我评价活动难免受制于自己的主观价值判断，而且这种主观价值判断常常表现出依赖于评价主体的随意性和模糊性。

随着自身发展需要的增长和知识经验的积累，人的自我评价变得更加全面和深刻。但是大学生的人生观、世界观和价值观还不成熟，他们对于价值选择有时还缺乏理性的思考和判断，加上受高考制度的束缚，大学生更加迫切地渴望自主选择和自由发展。还有的大学生错误地将"任性、任意当成自由"①，甚至认为自由是可以"随意而为""为所欲为"，偏离了从个人与社会、个人与他人关系层面进行自我评价的正确标准和路径，因而出现有的大学生以"个人价值"为中心开展自我评价。大学生的思想教育实践和学生管理工作经验告诉我们，以"个人价

---

① 杨之毛：《大学生社会责任感教育中的误区及对策》，《学校党建与思想教育》2011 年第 11 期，第 57~59 页。

值"为中心开展自我评价的大学生，他们"以自我为中心"的倾向明显，往往具有片面追求独立和个性化的主体需求。这部分大学生的自我评价容易关注个体价值而忽视社会价值，他们面对利益关系的价值选择时更倾向从理想上追求"功利""务实"，因而进行自我评价的范围偏重于自我的需求而缺乏客观性。

四 自我评价结果的肯定性和虚假性

开展科学合理的自我评价，需要对自己进行客观认识和分析，以正确认识自己的身心状况以及自己与他人、自己与社会的关系为基础，实事求是地评价自己和诚心诚意地接纳自己。只有这样才能发挥自我评价促进个体积极发展的能动作用，这也是衡量个体心理健康状况的主要依据。实际上，大学生正处在青少年发展阶段的重要时期，正确自我评价的重要任务就是形成积极肯定的自我评价，以便促进和帮助自己设定积极向上的成就动机和发展目标。个体发展需要积极肯定的自我评价，消极否定的自我评价会削弱成就动机，甚至导致个体出现不愿意付出更多努力的萎靡状态。在这里也必须注意大学生中容易出现虚假性的"过高"或"过低"的自我评价。大学生"过高"自我评价，是指大学生过于关注自身的优点而忽视自身的缺点，盲目乐观、自命清高，因而自我评价标准设定相对较高，容易造成行动的力不能及；"过低"自我评价则是指大学生过于关注自身的缺点而忽视自身的优点，出现悲观失望并形成自卑心理，因此自我评价标准设定会很低，从而阻碍了个体的正常发展。

大学阶段是一个人从青春期向成年期转变的重要时期，也是人的自我意识发展和完善的重要时期。这一时期的大学生非常关注"我是谁""我要去向何处"等发展性问题，他们意识到人的本质属性是其社会属性，人要学会适应社会才能更好地促进自我的发展。但是由于对社会的认识不够全面，大学生还不能自觉地从社会发展要求的角度审视自己，因此"自我评价往往带有很大的主观性、片面性，出现过高或者过低的评价"[①]。这种虚假的"过高"或"过低"自我评价会导致大学生出现消极情绪，造成人际交往困难和不良行为表现。第一，"过高"自我评价的大学生，容易产生傲娇情绪，且自命清高，往往高估自己的能力；"过低"自我评价的大学生则容易产生自卑心理，对自己的能力产生怀疑或者否定的态度。第二，"过高"自我评价的大学生会因为自命清高，而让他人对他"敬而远之"；"过低"自我评价的大学生会因为自卑胆怯，而在人际交往过程中出现拘谨、紧张状态，往往不敢主动和他人交往。第三，由于"自我评价不仅对行为起导向作用，而且为行为提供动力"[②]，因此"过高"或"过低"的自我评价，都会导致大学生不能客观、准确地认识自己，会造成自我调节的行动力不强。

五 自我评价能力的独立性和依赖性

个体的自我评价能力是逐渐提升起来的，大学生的自我评价能力正处在一个比较重要的成长发展时期，但是他们在实际的自我评价过程中还没有完全摆脱对外界的依赖。幼年儿童的自我评价完全依赖成人的评价，而5岁儿童绝大多数已能够进行自我评价。进入小学后，儿童从顺从别人的评价发展到有一定独立见解的评价，自我评价的自主性随年级升高而提高，儿童逐步减轻对他人评价的依赖。青少年已能完全意识到自己是一个独立的个体，因此要求独立的愿望日趋强烈。[③] 大学生则进一步摆脱了对长辈和权威的依赖，也开始克服同伴团体的强烈影响，他们的自我评价表现出真正的个体独立性。[④] 需要注意的是，学生的自我

---

① 李丽：《学生自我评价的误区及方法探析》，《安徽广播大学学报》2008年第1期，第60~63页。
② 〔美〕阿尔伯特·班杜拉：《思想和行动的社会基础》，林颖等译，华东师范大学出版社，2018，第380页。
③ 林崇德主编《发展心理学》，人民教育出版社，2018，第318、373页。
④ 林崇德：《发展心理学》，浙江教育出版社，2002，第454页。

评价往往有依赖性，或者说他人评价对他的影响还比较大。对学生来讲，他人评价主要指教师、家长、同学及其他相关人员对学生的评价。[①] 如果将大学生作为独立自主的评价个体，那么自我评价是大学生自己对自己的评价，而他人评价是指大学生之外的单位组织或者个人对他的评价。特定环境对大学生自我评价能力发展的影响也应引起人们的重视。由于生活在特定的校园环境中，每天的学习和生活都是与老师或同学在一起，大学生获得的评价往往是以教师和同伴的评价为主，而且往往是与学习成绩相关的教学评价，因此大学生缺少自我评价的机会，过分依赖他人评价，削弱了自我评价的自主性，进而弱化了自我评价对大学生发展的促进作用。

大学生参与社会实践相对较少，缺乏社会经验，对社会的认识和判断能力不够成熟。大学生自我评价能力还处在发展完善过程之中，导致大学生自我评价仍存在片面性。此外，大学生处在世界观、人生观和价值观形成和完善的关键阶段，情绪也存在一定的不稳定性，这常常使大学生在自我评价时受到这些因素的干扰，自我评价的理智性不足而带有一定的情绪色彩，表现出自我评价能力的不成熟性。随着教育环境的积极影响和个体的不断努力，大学生独立地按照一定的目标和准则来评价自己的能力会不断提高，进而能够自觉主动、积极客观且比较全面地评价自己。

第三节　大学生自我评价能力培养目标及培养过程

一　大学生自我评价能力培养目标

目标是行动的指南和根本遵循，大学生自我评价能力培养目标是大

---

① 李月华、张利新、张彦云：《新课改背景下学校教育改革的理论与实践》，河北大学出版社，2010，第 221 页。

学生自我评价能力培养工作的行动指南。充分认识大学生自我评价能力的发展过程，掌握大学生自我评价能力发展规律，进而确定合理的大学生自我评价能力培养目标是大学生自我评价能力培养工作的行动指南和最终目标。

（一）大学生自我评价能力培养的内在目标

大学生自我评价能力培养的内在目标是通过培养大学生自我评价能力，实现大学生个体内在的发展和变化，主要体现为强化自我认知能力、增强自我反思能力和提升自我调节能力方面。

1. 强化自我认知能力

培养自我认知能力是培养大学生自我评价能力的前提，大学生自我评价是大学生在自我认知的基础上，对自己做出考量和判断。因而大学生自我评价能力培养的内在目标首先是培养大学生的自我认知能力。实际上，大学生只有对自己在思想、意愿、行为和人格特点等方面具有准确的认识和了解，才能明确"我是谁""我是什么样的人""我要成为什么样的人"等根本问题。只有对自我的现实情况有了清晰的了解，才能找准现实自我与理想自我的真实差距，进而促进大学生理想自我的实现。

2. 增强自我反思能力

自我反思就是自我反省，是一种能力，是对自己的行为做深刻的思考，检查自己的行为、思想，把自己做人做事不对的地方想清楚，然后纠正自己的错误，修正自己所走的人生道路。在培养大学生自我评价能力的过程中，自我反思是达到自我提升的关键一环，是大学生自我评价能力培养的助推器和动力泵。自我反思是"找差距""找短板"的过程，大学生通过自我反思，才能找到现实自我与理想自我的差距。自我反思能力越强，则越能找准差距，越能促进自我的调整和改变。

3. 提升自我调节能力

提升自我调节能力是培养大学生自我评价能力的外在行为表现，也是大学生自我评价能力培养的最终行动目标。大学生经过自我认知、自我反思和自我调节，逐渐地提升了自我评价能力，这种"自我认知—自我反思—自我调节—自我提升"是一个循环反复、螺旋上升的自身发展过程。大学生的自我调节是"补短板"的过程，自我调节能力体现在心理和行为上每一次的调整和改变，都是弥补不足、缩短差距、补齐短板的过程，自我评价能力的每一次提升都要在自我调节能力上得到具体的体现，而且每一次自我调节的实现又是下一次自我认知的开始。

（二）大学生自我评价能力培养的外在目标

大学生自我评价能力培养的外在目标体现在对外的行为表现上，主要表现为协调人际关系、规范社会行为和传承主流文化方面。

1. 协调人际关系

人际关系是大学生面临的重要的社会关系，协调人际关系是大学生社会性发展的目标，也是大学生自我评价能力的外在目标。培养大学生自我评价能力能够促进大学生社会化发展，社会化发展能够促使大学生更好地适应社会和完善其社会关系。乔韩窗口理论中"他知己不知"窗口，是"盲目的我"，大学生为了全面地认识和了解自我，就必须了解这个"盲目的我"，以此获得更加全面的自我信息。只有拥有良好的人际关系，个体才能在他人评价中获得"盲目的我"的信息。因此，培养大学生自我评价能力，要培养大学生的人际交往和人际沟通能力，协调大学生的人际关系。同时，随着大学生自我意识的发展，他们逐步摆脱以自我为中心的价值观点，学会融入社会，并注重与他人的沟通与合作，而且能够主动帮助社会上的他人，这些也是大学生协调人际关系的表现。

2. 规范社会行为

培养大学生自我评价能力，以大学生自我评价能力的发展促进大学生的全面自由发展。在自我评价过程中，大学生自觉地将符合社会规范的思想观念、价值观点、道德规范内化为自我发展的要求。可以说，社会要求的价值标准是大学生自我评价标准的价值遵循。培养大学生自我评价能力，是培养大学生的社会责任和社会意识，规范大学生社会行为就是培养大学生自我评价能力的外在行为表现。可以说，是社会规范规范了大学生的行为，大学生的行为表现是社会行为。培养大学生自我评价能力，也是培育大学生正确的价值观。社会主义核心价值观作为全社会所共同遵守的价值准则，成为大学生自我评价标准的根本准则，培育和践行社会主义核心价值观，将引导大学生关注社会价值的实现，社会价值的实现也伴随社会行为的产生。可以说，大学生自我评价能力是有利于创造社会价值的社会实践能力。

3. 传承主流文化

文化是教育的核心灵魂，文化也是以价值观为核心的精神生产。在多元文化时代，不同文化背景的人都平等地呈现自己的价值观，一些人在文化的冲击中，面临价值选择困境。我国教育重视对青少年核心价值观的引领，社会主义核心价值观作为全社会所共同遵守的价值准则，被融入国民教育的全过程。在这一过程中，社会主流文化一代又一代地传承下去并发扬光大。在自我评价过程中，大学生主动将符合社会发展的思想观念、价值观点、道德规范纳入自己的态度体系，使之成为自己品德意识体系有机组成部分。可以说，大学生自我评价是大学生将社会价值准则内化为自身发展需求的过程，是大学生自觉价值追求的内在体现，也是大学生传承主流价值文化的外在表现。

"思想政治教育的培养目标就是要坚持全面发展观，促进人的自由全面发展。"[①] 人的自由全面发展是发挥人的能动性，促进人自为、自觉状态下的全面发展，也是社会主义事业所需要的"德智体美劳"全面发展。大学生作为我国社会主义事业的建设者和接班人，必须坚持正确的政治方向，用主流的价值思想武装自己的头脑，传承主流文化，而且时刻以社会主义核心价值观的标准规范自身行为，协调好人际关系。

培养大学生自我评价能力要促进大学生自我评价能力的提升和大学

---

① 张耀灿、郑永廷、吴潜涛等：《现代思想政治教育学》，人民出版社，2006，第141页。

生自我评价能力的发展，厘清大学生自我评价能力培养过程中大学生自我评价能力的发展过程，科学把握大学生自我评价能力形成的发展规律，这是大学生自我发展的必然要求，也是确定大学生自我评价能力培养目标，并进一步开展大学生自我评价能力培养工作的有力依据。

二　大学生自我评价能力培养过程

大学生自我评价能力有一个循环向上的动态的发展过程，它随着大学生自我意识的发展和社会阅历的提高，不断地发展变化。大学生自我评价能力培养过程要把握大学生自我评价能力形成和发展的逻辑基础、逻辑结构和逻辑过程。

首先，大学生自我评价能力要经过"自我认知—自我反思—自我调节—自我提升"的动态发展过程。根据前文大学生自我评价能力结构的理论观点，自我认知能力是大学生自我评价能力的基础。大学生要对自己的思想、意愿、行为和人格特点等方面具有良好的认识和判断，这是大学生了解自我、认识自我的过程。大学生只有对自身的思想、意愿、行为和人格特点有了正确的认识和了解，才能明确"我是谁""我要干什么"的问题；在自我认知的基础上，大学生要根据自我评价标准来反思自身的优点和缺点，发现自身的差距和不足，这是大学生自我反思的过程，大学生的自我反思是其自我调节的助推器，也是自我调节的行为先导；大学生只有认识到自己的差距和不足，才能为了实现理想自我做出自我的调整和改变，这是大学生自我调节的过程；大学生做出自我的调整和改变，是实现自我提升的行动过程。总而言之，大学生获得自我提升是大学生自我评价能力培养的最终目标。大学生自我评价能力要经历"自我认知—自我反思—自我调节—自我提升"的循环发展过程（见图2-2），每一次的自我提升是下一次自我认知的起点。大学生自我评价能力体现着社会塑造自我"整合自我"和自我融入社会"适应社会"的双向过程，大学生自我评价能力引导着大学生的成长发展呈循环上升的逻辑走向。

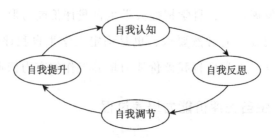

图 2-2　大学生自我评价能力的发展过程

　　其次，大学生在自我评价过程中，确定的自我评价标准要经历"矛盾—整合—内化"的形成过程（见图 2-3）。自我的统一与转化不是一次完成的，而是一个"自我分化—矛盾—统一—再分化—矛盾—统一"过程。[①] 大学生自我评价标准的形成同样要经历这个过程，大学生要将符合社会要求的政治思想、价值观念和道德规范与自身的价值标准相比较，符合社会要求的政治思想、价值观念和道德规范与自身价值标准的不同就是二者的矛盾。大学生为了获得自我的发展，要接受社会要求中自认为合理、符合自身发展需求的那部分标准，并将其与自身的价值尺度相整合，这个整合过程也是大学生自我调节的过程，整合结果是形成自我评价标准。最终，大学生将整合后的大学生自我评价标准内化为自我提升、自我发展的动力需求，外化为行为的调整和改变。可见，大学生自我评价确立的"核心"是"整合"和"内化"的过程，是大学生不断将外在价值标准整合、内化为自己的价值标准的过程。此外，大学生将其内化为自己的价值追求和动力需求，即形成价值观，形成理想和信念，形成自我调节的动力泵。大学生自我评价能力的培养过程是大学生进行自我反思、自我调节的过程，他们反思自己的优势和不足之处，调节自我评价标准。获得自我提升是大学生自我评价能力培养的目标。

　　总体来说，大学生的自我评价不是孤立的内部活动，而是大学生在

---

　　① 肖旭：《社会心理学》，电子科技大学出版社，2013，第 96 页。

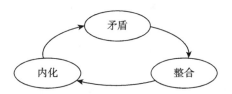

图 2-3　大学生自我评价标准的形成过程

与社会互动中认识自我的过程。在这一过程中，大学生不断产生自我体验，对自己已有的价值标准进行自我反思和自我调整。具体而言，大学生自我反思能力和自我调节能力是大学生自我评价能力培养的核心。在这一过程中，大学生将自我与他人相比较，将自我与社会要求相比较，从中反思自身的差距和不足，完成自我调节。大学生自我调节的标准就是大学生自我评价的标准，但是这个评价标准具有主观性。大学生自我评价标准是自我评价的目标导向，是大学生自我行动的根本遵循，是培养大学生自我评价能力的关键。大学生的自我反思和自我调节是大学生获得自我提高的行动力，是培养大学生自我评价能力的核心。

　　综上，大学生自我评价能力具有一个"自我认知—自我反思—自我调节—自我提升"的动态发展过程，那么大学生自我评价能力培养过程则是对大学生自我认知能力、大学生自我反思能力和大学生自我调节能力的培养过程。在大学生自我评价能力培养过程中，除了要全面把握大学生自我评价能力的特征，还要科学把握大学生自我评价能力的发展过程，采取切实有效的培养对策。

第三章　大学生自我评价能力现状及影响因素调查

对大学生自我评价能力现状及影响因素进行考查，掌握大学生自我评价能力的现状，研究影响因素对大学生自我评价能力的具体影响，为进一步分析大学生自我评价能力培养中存在的问题，提出提升大学生自我评价能力培养水平的对策建议提供现实依据。

第一节　大学生自我评价能力现状调查

大学生自我评价能力有一个动态的发展过程。在掌握大学生自我评价能力内涵、构成和特征的基础上，调查大学生自我评价能力的现状水平，发现大学生自我评价能力存在的具体问题，可以为大学生自我评价能力培养工作指明方向。只有针对大学生自我评价能力存在的问题采取一系列的培养措施，才能切实有效地提升大学生自我评价能力。

一　大学生自我评价能力结构模型的构建与问卷的编制

（一）大学生自我评价能力结构模型的构建

针对大学生自我评价能力的维度，根据有关大学生自我评价能力的概念、特征及构成的分析，大学生自我评价能力包含多个方面，既包含

"关于自我的认知"，又包含"关于能力的考量"。

具体的，本书认为大学生自我评价能力包括 6 个维度——自我评价意识、自我评价情感、自我评价知识与技能、自我认知能力、自我反思能力和自我调节能力，并据此构建大学生自我评价能力结构模型（见图 3-1）。

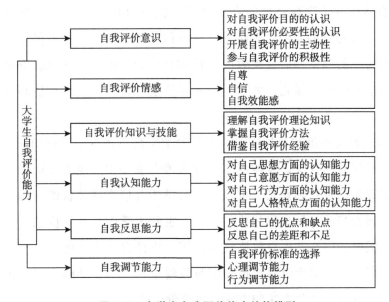

图 3-1　大学生自我评价能力结构模型

自我评价意识是大学生自我评价能力发展的动力器，自我评价情感是大学生自我评价能力发展的情感支持，自我评价知识与技能是大学生自我评价能力发展的基础条件，自我认知能力是大学生自我评价能力发展的基础保障，自我反思能力是大学生自我评价能力发展的助推器，而自我调节能力是大学生自我评价能力发展的最终目标。

（1）自我评价意识。大学生了解自我评价的目的，认识到自我评价能力的培养对于自身发展的重要意义，而且在自我意识发展的关键时期，认识到自我评价能力的培养对于自身发展的必要性和迫切性，能够激发大学生开展自我评价活动的积极性和自主性，促进大学生积极主动、自觉自律地开展自我评价活动，提高大学生自我评价活动的有效性。因此，大学生自我评价意识包括大学生对自我评价目的的认识、对自我评价必要性的认识、开展自我评价的主动性和参与自我评价的积极性。

（2）自我评价情感。良好的情感是开展自我评价活动的有力支持。拥有良好自尊的大学生既能够看到自己的优点，又能够正视自己的缺点，能够对自己进行合理的自我评价；拥有自信的大学生会发现自己的长处，最重要的是面对差距和不足时他们相信自己有能力做好自我心理和行为上的调整；而自我效能感是对自信的反映，自我效能感强的大学生自信心就强。因此，大学生自我评价情感包括自尊、自信和自我效能感。

（3）自我评价知识与技能。理解大学生自我评价的理论知识——大学生自我评价的含义、具体内容和方法等专业知识，能够促进大学生认识自我评价的目的和意义，可以提高大学生开展自我评价的主动性。此外，掌握恰当的开展自我评价的方法，也是大学生自我评价能力良好的体现。同时，以往开展自我评价的经历，也是自我评价能力培养的经验借鉴。因此，大学生自我评价知识与技能包括大学生理解自我评价理论知识、掌握自我评价方法和借鉴自我评价经验。

（4）自我认知能力。大学生具备良好的自我认知能力，就能够全面、深刻地认识和了解自己。可以说，自我认知能力反映的是大学生对自己的认识能力，自我认知的内容即自我评价的内容。大学生自我认知能力包括思想认知、意愿认知、行为认知和人格特点认知。其中思想认知包括大学生对自己的世界观、人生观、价值观、道德观、社交观和恋爱观的认知；意愿认知包括大学生对自己的职业意愿、生活意愿和学习意愿的认知；行为认知包括大学生对自己的行动力和自控力的认知；人格特点认知包括大学生对自己的性格、气质类型和兴趣的认知。

（5）自我反思能力。培养大学生自我评价能力的过程中，评价标准是目标导向，评价方法是技术指引，评价时机是先决条件。大学生设定准确合理的自我评价标准且遵循这个评价标准进行自我反思，对于大学生自我评价能力的培养至关重要。因此，自我反思能力就是大学生将自己的现状与自我评价标准相比较，查找自身的差距和不足的能力，也就是找到现实自我与理想自我差距的能力。大学生自我反思能力包含反思自己的优点和缺点、反思自己的差距和不足。

（6）自我调节能力。大学生作为社会化的个体，是不可能脱离社会而独立存在的，要注重社会性发展。所以，大学生自我评价向内要进行社会标准的价值选择，即根据社会标准来调节自我评价标准；向外以这个自我评价标准来调节自身的心理和行为。因此，大学生自我调节能力包括自我评价标准的选择、心理调节能力和行为调节能力。

（二）变量操作化定义与问卷的编制

根据大学生自我评价能力构成的理论论述，通过对自我评价意识、自我评价情感、自我评价知识与技能、自我认知能力、自我反思能力和自我调节能力概念的界定和阐释，本研究构建了大学生自我评价能力的结构模型（详见图 3-1），确定了大学生自我评价能力的具体指标。参考彭小兵、陈欣和罗杰等人[1]的研究，以及项纯和黄瑞瑞等人[2]相关研究量表（详见表 3-1），编制了 60 个题目的"大学生自我评价能力现状调查问卷"，来调查大学生自我评价能力现状水平。

首先，初步编制了 80 个题目的"大学生自我评价能力现状调查问卷（草稿）"。其次，邀请 10 名教学经验丰富的思政理论课教师和 10

---

[1] 彭小兵、曹若茗：《大学生核心自我评价对就业质量的影响：就业期望的中介作用》，《黑龙江高教研究》2020 年第 8 期，第 121~126 页；陈欣、林悦、刘勤学：《科技干扰对青少年智能手机成瘾的影响：核心自我评价与心理需求网络满足的作用》，《心理科学》2020 年第 2 期，第 355~362 页；罗杰、陈维、杨桂芳等：《大学生主动性人格对其拖延行为的影响：核心自我评价的中介作用》，《心理与行为研究》2019 年第 5 期，第 692~698 页。

[2] 项纯：《中小学生自我评价能力的现状、问题与对策》，《教育科学研究》2008 年第 11 期，第 56~61 页；黄瑞瑞、张一旦：《高中生自我评价能力的调查与分析》，《教育现代化》2018 年第 10 期，第 326~328、345 页。

名一线辅导员对问卷草稿进行专业评议，综合相关建议本研究删除了表述不清的题目 7 个，合并了意思接近的题目（减少 8 个），形成了 65 个题目的问卷新草稿。再次，在思政课上招募 40 名本科生对问卷进行通俗度检验，删除了学生不易理解的题目 5 个。最终，编制了 60 个题目的"大学生自我评价能力现状调查问卷"，其中自我评价意识分问卷包含 8 个题目，自我评价情感分问卷包含 10 个题目，自我评价知识与技能分问卷包含 8 个题目，自我认知能力分问卷包含 16 个题目，自我反思能力分问卷包含 6 个题目，自我调节能力分问卷包含 12 个题目。调查问卷使用 5 点计分法，具体评分标准为：完全不符合计 1 分，基本不符合计 2 分，有点符合计 3 分，比较符合计 4 分，完全符合计 5 分。

本书主要参考的大学生自我评价能力指标见表 3-1。

表 3-1　自我评价能力量表参照

量表	量表维度与内容
自我评价能力量表 （项纯，2018）	认识与态度：对自我评价含义、目的、必要性的认识，参与自我评价的积极性、主动性 经验与能力：自我评价的经历和经验、自我发现能力、自我分析和判断能力、自我监控能力 过程与方法：评价内容、评价标准、评价方法、评价时机、评价结果反馈、反思与调节
高中生自我评价能力量表 （黄瑞瑞和张一旦，2018）	自我评价的认知状况：学生对自我评价含义的认识、对自我评价重要性的认识 自我评价的实施状况：学生是否做过自我评价，进行自我评价的时间、场合、频率、参考标准，对结果的处理 教师在学生自我评价中所起的作用：教师是否鼓励自评、教师是否传授相关策略、教师是否及时反馈、师生间评价一致性
大学生就业能力量表 （韩玉萍等，2016）	个体禀赋维度：个人品质、自我认知、学习能力、家庭影响力 综合技能维度：沟通表达技能、环境融入技能、自我管理能力 学科理解力维度：基本理论知识内化、学习方法适切 元认知维度：学习习得、价值观和世界观

量表	量表维度与内容
大学生就业能力量表 （肖继军，2012）	学科理解力：专业素养、对学科发展前景的认识 技能：信息处理能力、实践能力 自我效能：自信心、工作态度、人际关系 元认知：适应能力、学习能力
Rosenberg 自尊量表 （戴晓阳，2015）	整体自尊
Rosenberg 自信心量表、 理查德·佩蒂和肯尼 斯·德马力自信心量表 （尹保华，2018）	总体自信
一般自我效能量表（GSES） （Schwarzer et al.，1981）	整体自我效能
自我认知量表 （冯子龙，2017）	自我认知能力：分别针对性格、学业、职业意愿、价值观、优缺点
核心自我评价量表（CSES） （戴晓阳，2015）	评价能力和价值的 4 种特质：自尊、控制点、神经质和一般自我效能
大学生自我控制量表（SCS） （朱风书等，2016）	行为控制、意志控制
大学生社会性发展 水平评定量表 （刘建榕，2012）	社会性发展水平与能力

注：CSES 量表由 Judge 等于 2003 年编制。

1. 自我评价意识

自我评价意识的具体指标包括大学生对自我评价目的的认识、对自我评价必要性的认识、开展自我评价的主动性和参与自我评价的积极性。项纯[1]和黄瑞瑞等[2]人对学生自我评价能力的实证研究，为本书设计自我评价意识量表提供了重要的借鉴和参考。项纯将自我评价能力划分为认识与态度、经验与能力、过程与方法三个维度，在认识与态度维度中，提

---

[1] 项纯：《中小学生自我评价能力的现状、问题与对策》，《教育科学研究》2008 年第 11 期，第 56~61 页。
[2] 黄瑞瑞、张一旦：《高中生自我评价能力的调查与分析》，《教育现代化》2018 年第 10 期，第 326~345 页。

出对自我评价含义、目的、必要性的认识，以及参与自我评价的积极性、主动性的具体指标；黄瑞瑞和张一旦将高中生自我评价能力划分为自我评价的认知状况、自我评价的实施状况和教师在学生自我评价中所起的作用三个维度，在自我评价的认知状况维度中，提出学生对自我评价含义的认识、对自我评价重要性的认识的具体指标。具体的测量题项，如表 3-2 所示。

表 3-2　自我评价意识量表

代码	题项	参考量表
SA1	我认为自我评价可以促进我更好地发展	自我评价能力量表、高中生自我评价能力量表
SA2	我认为自我评价可以促进我更好地适应社会	
SA3	我认为自我评价是很好的认识自我的方式	
SA4	我认为自我评价是很好的自我教育的方式	
SA5	我认为自我评价对大学生是非常有必要的	
SA6	我经常主动开展自我评价	
SA7	我会主动询问别人对我的评价	
SA8	如果老师要求我做自我评价，我会积极参与	

2. 自我评价情感

自我评价情感的具体指标包括自尊、自信、自我效能感。Judge 等编制的核心自我评价量表（CSES）[1]、Rosenberg 自尊量表、Rosenberg 自信心量表[2]、理查德·佩蒂和肯尼斯·德马力自信心量表[3]以及一般自我效能量表（GSES）[4]的具体内容为自我评价情感量表的设计提供了重要的借鉴和参考。具体的测量题项，如表 3-3 所示。

---

[1] 戴晓阳：《常用心理评估量表手册》，人民军医出版社，2015，第 273 页。

[2] 戴晓阳：《常用心理评估量表手册》，人民军医出版社，2015，第 275 页。

[3] 〔美〕凯蒂·肯、〔美〕克莱尔·施普曼：《信心秘密》，北京联合出版公司，2015，第 233 页。

[4] Schwarzer R., Muller J., Grecnglass E., "Assessment of the general per-ceived self-efficacy on the Intemet: data collection in eybempaee," *Anxiety, Stress, and Coping*, 1999, 12（3）：145 - 161.

表 3-3　自我评价情感量表

代码	题项	参考量表
SB1	我感到自己是一个有价值的人，至少与其他人在同一水平上	核心自我评价量表、Rosenberg自尊量表、Rosenberg自信心量表、理查德·佩蒂和肯尼斯·德马力自信心量表、一般自我效能量表
SB2	我时常认为自己很有用处	
SB3	我对自己持肯定的态度	
SB4	总的来说，我对自己是满意的	
SB5	我是一个自信的人	
SB6	我是一个热心的人	
SB7	面对困难时我能保持冷静，因为我信赖自己的应变能力	
SB8	如果付出了必要的努力，我就能解决大部分问题	
SB9	我有信心高效处理突发事件	
SB10	我是一个积极进取的人，我一切的努力都是为了不断提升自己	

3. 自我评价知识与技能

自我评价知识与技能的具体指标包括大学生理解自我评价理论知识、掌握自我评价方法和借鉴自我评价经验。项纯[①]将自我评价能力划分为认识与态度、经验与能力和过程与方法三个维度，在经验与能力维度中，提出自我评价能力包括自我评价的经历和经验等；韩玉萍等人[②]设计的大学生就业能力量表包括基本理论知识内化、学习方法适切和学习习得等。大学生自我评价能力和大学生就业能力属于能力的不同类别，它们关于学科理解力和元认知维度的具体指标是相似的。因此，项纯和韩玉萍等人的研究为设计自我评价知识与技能量表提供了重要的借鉴和参考，具体的测量题项如表 3-4 所示。

---

① 项纯：《中小学生自我评价能力的现状、问题与对策》，《教育科学研究》2008 年第 11 期，第 56~61 页。
② 韩玉萍、张蓝月、叶海英等：《基于 USEM 模型的大学生就业能力评价与提升策略探究》，《学校党建与思想政治教育》2016 年第 3 期，第 74~76 页。

表 3-4 自我评价知识与技能量表

代码	题项	参考量表
SC1	我了解自我评价的含义	
SC2	我了解自我评价要对自己的哪些方面进行考量	
SC3	我认为自我评价是建立在对自己具有良好认知的基础上的	
SC4	我主动做过自我评价	自我评价能力量表、
SC5	在老师的要求下，我参与过自我评价	大学生就业能力量表
SC6	我掌握自我评价的方法	
SC7	我会采用恰当的自我评价方法开展自我评价	
SC8	以往自我评价的经历对我继续开展自我评价是借鉴和帮助	

4. 自我认知能力

根据前文关于大学生自我评价能力构成的理论论述，大学生自我认知能力包括大学生对自己在思想方面、意愿方面、行为方面和人格特点方面的认知能力。李屏南[1]提出人的思想结构涉及世界观、价值观、职业理想和道德理想等方面。李屏南等人的研究成果为本书设计自我认知能力量表提供了重要的借鉴和参考，具体的测量题项如表 3-5 所示。

表 3-5 自我认知能力量表

代码	题项	参考量表
SD1	通过马列主义、毛泽东思想、邓小平理论、"三个代表"重要思想、科学发展观和习近平新时代中国特色社会主义思想的理论学习，我树立了正确的世界观，有明辨是非的能力	
SD2	我对"人为什么活着"、"人活着有什么意义"的问题，有自己清晰的认识	自我认知量表、大学生社会性发展水平评定量表
SD3	我清楚对自己来说最有用和最有价值的是什么	
SD4	我清楚自己面临职业选择时最看重的是什么	
SD5	当个人利益与集体利益、个人价值与社会价值冲突时，我很清楚自己会如何做选择	

---

① 李屏南：《论人的思想结构》，《湖南师范大学社会科学学报》1997 年第 5 期，第 24~29 页。

续表

代码	题项	参考量表
SD6	我对于善恶有清晰的判断标准，对于如"老人跌倒该不该扶"、"考试作弊"等有关道德、良心、诚信、正义的问题，有自己清晰的认识和判断标准	
SD7	我对于社会交往对象、社会交往原则有清晰的标准	
SD8	有人说"宁愿坐在宝马上哭也不坐在自行车上笑"，我有自己清晰的恋爱观	
SD9	我清楚自己未来要从事什么岗位的工作	
SD10	我清楚自己的求职需求，如对工作的晋升空间、工资薪酬、工作性质、工作地点等方面的要求	自我认知量表、大学生社会性发展水平评定量表
SD11	我知道自己想要什么样的生活	
SD12	我知道自己的学习目的	
SD13	我知道哪些事情是可以做，哪些事情是不可以做的	
SD14	我了解自己的性格特点	
SD15	我了解自己的气质类型是胆汁质、多血质、粘液质、抑郁质中的哪一种类型，并且了解自己的气质类型特点	
SD16	我了解自己的兴趣是什么	

5. 自我反思能力

自我反思能力包括大学生反思自己的优点和缺点、反思自己的差距和不足。项纯[1]将学生自我评价能力划分为认识与态度、经验与能力和过程与方法三个维度，在经验与能力维度中，提出自我评价能力包括自我分析和判断能力；韩玉萍等人[2]设计的大学生就业能力量表包括自我管理能力。项纯和韩玉萍等人的研究成果为本书设计自我反思能力量表提供了重要的借鉴和参考，具体的测量题项如表3-6所示。

---

[1] 项纯：《中小学生自我评价能力的现状、问题与对策》，《教育科学研究》2008年第11期，第56~61页。

[2] 韩玉萍、张蓝月、叶海英等：《基于USEM模型的大学生就业能力评价与提升策略探究》，《学校党建与思想政治教育》2016年第3期，第74~76页。

表 3-6 自我反思能力量表

代码	题项	参考量表
SE1	当一件事情取得成功时，我会及时总结经验和好的做法	
SE2	当一件事情失败时，我会反思是哪里出问题了，是哪里没有做好	
SE3	我知道事情做的不好时我也有责任	自我评价能力量表、大学生就业能力量表
SE4	我经常反思自己的优点和不足是什么	
SE5	我知道与理想中的我相比，我的差距和不足是什么	
SE6	我会经常反思自己的言行	

6. 自我调节能力

自我调节能力包括大学生对自我评价标准的选择、心理调节能力和行为调节能力。根据前文关于大学生自我评价能力构成的理论阐释，参照朱凤书等①的大学生自我控制量表和刘建榕的大学生社会性发展水平评定量表，编制自我调节能力量表，具体的测量题项如表 3-7 所示。

表 3-7 自我调节能力量表

代码	题项	参考量表
SF1	我会关注国家时事，主动学习马列主义等科学理论知识来提高自己的思想理论水平	
SF2	我会参加志愿者服务活动来提高自己的思想境界	
SF3	我会学习道德楷模的先进事迹来提高自己的道德情操	
SF4	我会与身边优秀的榜样相比较，来找出自己的差距和不足，并努力改正自己来缩短这种差距	大学生自我控制量表、大学生社会性发展水平评定量表
SF5	当个人利益与集体利益、个人价值与社会价值冲突时，我会识得大体，顾全大局，不计较个人利益，不忽视集体和社会利益，因为我认为没有国哪有家，没有社会这个大家哪有我的小家	
SF6	我遵从"人人为我，我为人人"的思想，我认为人与人之间是互惠互利、和谐共生的，不应该建立在舍己为人的思想架构下，应该"个人和集体兼顾"、"奉献与索取并举"	

---

① 朱凤书、周成林、颜军：《运动促进大学生自我控制的理论与实践》，东北大学出版社，2016，第 6 页。

代码	题项	参考量表
SF7	我追求个性自由，一切以自我为中心，我认为凡事都应该建立在为我服务的前提下，当不同利益之间产生矛盾冲突的时候，一定要满足个人利益，实现个人价值最大化	大学生自我控制量表、大学生社会性发展水平评定量表
SF8	我会以社会的法律条文和纪律规范为准绳来约束自己的行为	
SF9	当与人发生冲突时，我尽量控制自己的不良情绪，尽量不与人发生更为恶性的冲突	
SF10	我能为了一个长远目标高效地工作	
SF11	我能很好地抵制诱惑	
SF12	我能很好地调节自己的言行	

二 调查问卷的检验与修订

（一）预调查的样本分析

采用整群抽取的方式，在大连某高校发放了 800 份预编制好的问卷，结果回收到的问卷有 784 份，通过甄别后剔除无效问卷，最终共得到有效问卷 727 份，问卷有效率高达 90.88%。样本来自 13 个省（市、自治区），年龄范围在 18~25 岁（20.4±1.63），其中男生 329 人（45.25%）、女生 398 人（54.75%），文科生 353 人（48.56%）、理科生 374 人（51.44%），大一 189 人（26.00%）、大二 220 人（30.26%）、大三 185 人（25.45%）、大四 133 人（18.29%）。问卷由辅导员现场组织施测，根据风笑天的问卷编写方法编写了问卷的指导语[1]，详细介绍了问卷的目的及相关注意事项。对预调查数据使用 SPSS 22.0 进行整理和分析。

（二）"大学生自我评价能力现状调查问卷"的检验与确定

为检验调查问卷的可信性，对设计问卷的预调查结果进行统计，并进行信效度检验与修订。

---

[1]　风笑天：《社会调查中的问卷设计（第三版）》，中国人民大学出版社，2014，第 62~63 页。

（1）问卷的项目分析。首先，检验调查问卷的信度。采用内部一致信度来检验问卷的内部一致性。如表 3-8 所示，检验结果表明"大学生自我评价能力现状调查问卷"的总体内部一致性系数（Cronbach's α，下同）为 0.93，分半信度为 0.85，自我评价意识分问卷的内部一致性系数为 0.92，分半信度为 0.86，自我评价情感分问卷的内部一致性系数为 0.91，分半信度为 0.88，自我评价知识与技能分问卷的内部一致性系数为 0.89，分半信度为 0.87，自我认知能力分问卷的内部一致性系数为 0.87，分半信度为 0.88，自我反思能力分问卷的内部一致性系数为 0.93，分半信度为 0.89，自我调节能力分问卷的内部一致性系数为 0.84，分半信度为 0.82，表明问卷具有良好的信度。其次，检验调查问卷的区分度。将问卷数据总分按照降序排列，把前 27% 分为高分组，后 27% 分为低分组，通过独立样本 T 检验的方式来验证两组数据，目的是考察每个题目在高低分组之间的得分差异。结果表示所有题目的差异性都达到了显著性水平，故不删除题目。项目分析的结果表明问卷的区分度较好。

表 3-8　大学生自我评价能力调查问卷的信度检验

问卷	Cronbach's α	分半信度
自我评价能力	0.93	0.85
自我评价意识	0.92	0.86
自我评价情感	0.91	0.88
自我评价知识与技能	0.89	0.87
自我认知能力	0.87	0.88
自我反思能力	0.93	0.89
自我调节能力	0.84	0.82

（2）问卷的验证性分析。运用 AMOS 21.0 软件对问卷进行验证性因素分析，分别检验"大学生自我评价能力现状调查问卷"及六个分问卷的拟合度来验证问卷模型的结构效度。如表 3-9 所示，分问卷及总问卷的模型拟合度良好，表明问卷具有良好的结构效度。

表 3-9　大学生自我评价能力调查问卷的模型拟合度

问卷	χ^2/df	TLI	GFI	NFI	CFI	IFI	RFI	RMSEA
自我评价能力	4.35	0.91	0.94	0.92	0.92	0.92	0.91	0.07
自我评价意识	3.42	0.91	0.95	0.93	0.90	0.90	0.95	0.06
自我评价情感	2.97	0.94	0.91	0.94	0.93	0.93	0.92	0.06
自我评价知识与技能	3.02	0.91	0.89	0.92	0.94	0.94	0.91	0.07
自我认知能力	2.86	0.96	0.91	0.92	0.97	0.97	0.92	0.05
自我反思能力	3.13	0.93	0.92	0.92	0.94	0.94	0.93	0.07
自我调节能力	2.73	0.92	0.93	0.93	0.95	0.95	0.94	0.06

（3）分问卷与总问卷的相关分析。为进一步检验问卷的信度，采用 Pearson 相关系数检验自我评价意识分问卷、自我评价情感分问卷、自我评价知识与技能分问卷、自我认知能力分问卷、自我反思能力分问卷、自我调节能力分问卷与总问卷的相关度。如表 3-10 所示，检验显示六个分问卷之间的相关系数为 0.52~0.92，呈中度以上显著正相关，六个分问卷与总问卷的相关系数为 0.70~0.94，呈高度显著正相关。这进一步表明问卷具有较好的信度。

表 3-10　大学生自我评价能力调查问卷的相关分析

问卷	自我评价能力	自我评价意识	自我评价情感	自我评价知识与技能	自我认知能力	自我反思能力	自我调节能力
自我评价能力	1						
自我评价意识	0.93**	1					
自我评价情感	0.94**	0.92**	1				
自我评价知识与技能	0.92**	0.88**	0.85**	1			
自我认知能力	0.93**	0.83**	0.81**	0.91**	1		
自我反思能力	0.90**	0.81**	0.67**	0.82**	0.83**	1	
自我调节能力	0.70**	0.55**	0.55**	0.56**	0.54**	0.52**	1

注：** $P < 0.01$。

（4）问卷的聚敛效度检验。为检验问卷的聚敛效度，本书统计分析问卷的因素负荷量、组合信度和平均方差抽取量。如表 3-11 所示，六个分问卷的因素负荷量在 0.63~0.91，六个分问卷的组合信度在 0.86~0.94，六个分问卷的平均方差抽取量在 0.52~0.62。各指标均超过了临界值，表明问卷具有较好的聚敛效度。

表 3-11 大学生自我评价能力调查问卷的聚敛效度检验

问卷	因素负荷量	组合信度	平均方差抽取量
自我评价意识	0.68~0.91	0.94	0.62
自我评价情感	0.64~0.87	0.92	0.56
自我评价知识与技能	0.73~0.86	0.86	0.54
自我认知能力	0.67~0.85	0.91	0.53
自我反思能力	0.71~0.88	0.88	0.57
自我调节能力	0.63~0.79	0.89	0.52

（5）"大学生自我评价能力现状调查问卷"的确定。根据问卷的检验和修订结果，形成本研究的正式调查问卷（详细见附录）。正式的"大学生自我评价能力现状调查问卷"共有 60 个题目，包括自我评价意识、自我评价情感、自我评价知识与技能、自我认知能力、自我反思能力和自我调节能力六个分问卷。调查问卷使用 5 点计分法，具体评分标准为完全不符合计 1 分，基本不符合计 2 分，有点符合计 3 分，比较符合计 4 分，完全符合计 5 分。将 3 分设为大学生自我评价能力现状统计的临界值，即统计得分的均值大于或等于 3 说明大学生自我评价能力较强，如果低于 3 说明大学生自我评价能力较弱。

三 被试结构与信效度分析

（一）问卷调查与被试结构

经过质性分析和量化分析，本书编制了"大学生自我评价能力现状调查问卷"，该问卷具有良好的信度和效度，可以作为本书实证调查的有效工具。通过分层抽样的方法，采用网络调查和教师实地指导相结合的调查方式，在辽宁、黑龙江、天津、山东、山西等地选取 10 所高校的在校大学生作为本研究的调查样本。共发放调查问卷 2000 份，回收 1894 份问卷，根据问答反应时小于 2 秒、连续雷同作答（如"1111"或"1234"等）等标准[1]，筛选出有效问卷 1806 份，问卷有效率为 90.3%。调查施测过程考虑了性别、年级、学历层次、政治面貌等人口统计学变量的分布，具体详见表 3-12。调查原始数据使用 SPSS 22.0 软件进行整理和统计分析。

表 3-12 调查样本结构

单位：人，%

变量		人数	比例
性别	男	711	39.4
	女	1095	60.6
年级	大一	902	49.9
	大二	388	21.5
	大三	301	16.7
	大四	215	11.9
学历层次	双一流高校	368	20.4
	普通本科院校	915	50.7
	高职院校	523	29.0
专业	理工科	676	37.4
	文科	522	28.9
	商科	348	19.3
	艺术类	260	14.4
是否独生子女	是	860	47.6
	否	946	52.4
是否学生干部	是	446	24.7
	否	1360	75.3
政治面貌	党员	143	7.9
	非党员	1663	92.1

① Meade A. W., Craig S. B., "Identifying careless responses in survey data," *Psychological Methods*, 2012, 17 (3): 437-455.

变量		人数	比例
生源地	城市	1004	55.6
	农村	802	44.4
家庭结构	核心家庭	1253	69.4
	主干家庭	430	23.8
	单亲家庭	123	6.8

（二）调查样本的信效度分析

运用 SPSS 22.0 软件对调查样本的信效度进行检验，分析调查样本的有效性。

首先，检验调查样本的内部一致性信度。统计结果表明自我评价能力现状问卷的内部一致性系数为 0.96，自我评价意识分问卷的内部一致性系数为 0.94，自我评价情感分问卷的内部一致性系数为 0.96，自我评价知识与技能分问卷的内部一致性系数为 0.95，自我认知能力分问卷的内部一致性系数为 0.93，自我反思能力分问卷的内部一致性系数为 0.96，自我调节能力分问卷的内部一致性系数为 0.95。其次，检验调查样本的分半信度。统计结果表明自我评价能力发展现状问卷的分半信度为 0.92，自我评价意识分问卷的分半信度为 0.89，自我评价情感分问卷的分半信度为 0.93，自我评价知识与技能分问卷的分半信度为 0.91，自我认知能力分问卷的分半信度为 0.94，自我反思能力分问卷的分半信度为 0.93，自我调节能力分问卷的分半信度为 0.94。最后，检验调查样本的相关性。统计结果表明题目与分问卷、题目与总问卷、分问卷与总问卷之间的 Pearson 相关系数在 0.36~0.96，相关性均达到了显著性水平。综合以上统计结果，表明调查样本具有良好的信度和效度。

四　数据统计

（一）大学生自我评价能力现状调查

为分析大学生自我评价能力的现状，运用 SPSS 22.0 软件对自我评价意识、自我评价情感、自我评价知识与技能、自我认知能力、自我反思能力和自我调节能力六个因子及自我评价能力总分进行描述性分析。如表 3-13 和图 3-2 所示，调查样本的自我评价能力得分均值为 3.55，整体来看当前大学生的自我评价能力处于中等水平，但需要注意的是有近 20.82% 的大学生自我评价能力得分没有达到 3，也就是说仍然有 20.82% 的大学生自我评价能力水平较差。从六个因子的具体情况来看，均值从高到低排列依次为自我评价知识与技能、自我评价情感、自我反思能力、自我评价意识、自我认知能力、自我调节能力。

自我评价知识与技能的平均得分是 3.98，是六个因子中发展最好的因子，有 83.78% 的学生得分达到了临界值 3，有 16.22% 的学生得分低于 3，表明有 16.22% 的大学生自我评价知识与技能掌握得不好；自我评价情感的平均得分是 3.85，有 80.90% 的学生得分达到了 3，有 19.10% 的学生得分低于 3，表明有 19.10% 的大学生自我评价情感不高；自我反思能力的平均得分是 3.69，有 78.57% 的学生得分达到了 3，有 21.43% 的学生得分低于 3，表明有 21.43% 的大学生自我反思能力不强；自我评价意识的平均得分是 3.53，有 76.52% 的学生得分达到了 3，有 23.48% 的学生得分低于 3，表明有 23.48% 的大学生自我评价意识不强；自我认知能力的平均得分是 3.38，有 72.92% 的学生得分达到了 3，有 27.08% 的学生得分低于 3，表明有 27.08% 的大学生自我认知能力不高；自我调节能力是六个因子中平均得分最低的因子，平均得分是 3.17，有 68.00% 的学生得分达到了 3，有 32.00% 的学生得分低于 3，表明有 32.00% 的大学生自我调节能力不强。综合以上分析，当前大学生自我评价能力水平处于中等水平。其中，自我评价知识与技能和自我评价情感相对较高，自我反思能力和自我评价意识次之，自我认知能力和自我调节能力相对较差。

表 3-13　"大学生自我评价能力现状调查问卷"统计分析

	均值	均值≥3 人数（人）	均值≥3 比例（%）	均值<3 人数（人）	均值<3 比例（%）
自我评价能力	3.55	1430	79.18	376	20.82

续表

	均值	均值≥3 人数（人）	均值≥3 比例（%）	均值<3 人数（人）	均值<3 比例（%）
自我评价意识	3.53	1382	76.52	424	23.48
自我评价情感	3.85	1461	80.90	345	19.10
自我评价知识与技能	3.98	1513	83.78	293	16.22
自我认知能力	3.38	1317	72.92	489	27.08
自我反思能力	3.69	1419	78.57	387	21.43
自我调节能力	3.17	1228	68.00	578	32.00

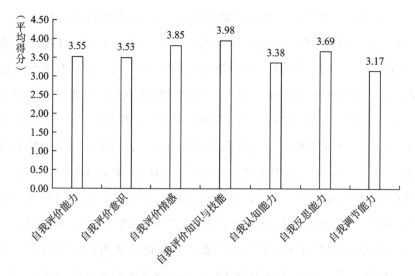

图 3-2　大学生自我评价能力现状

（二）大学生自我评价能力群体差异的调查

为进一步分析大学生自我评价能力的现状和特点，对调查数据进行差异性检验。统计分析结果表明大学生自我评价能力存在一定的群体差异。这些差异在某种程度上反映了个体因素、家庭因素、学校因素和社会因素对大学生自我评价能力具有较大的影响，高校需要重视大学生自我评价能力的群体差异，有针对性地开展教育活动，培养大学生的自我评价能力。

性别差异的调查结果：通过调查数据的独立样本 T 检验来分析大学生自我评价能力的性别差异。结果如表 3-14 所示，男女大学生在自我评价情感和自我评价知识与技能方面的差异不显著，但在自我评价意识、自我认知能力、自我反思能力、自我调节能力和总体自我评价能力方面存在显著性差异。具体而言，女大学生在自我评价意识、自我认知能力、自我反思能力、自我调节能力和总体自我评价能力方面显著好于男大学生。

表 3-14　性别差异分析的独立样本 T 检验统计结果

	性别	N	均值	标准差	t
自我评价能力	男	711	3.51	0.83	-2.161*
	女	1095	3.59	0.68	
自我评价意识	男	711	3.42	0.94	-4.795***
	女	1095	3.61	0.75	
自我评价情感	男	711	3.86	0.90	0.057
	女	1095	3.85	0.78	
自我评价知识与技能	男	711	3.95	0.93	-0.913
	女	1095	4.00	0.80	
自我认知能力	男	711	3.33	0.85	-2.411*
	女	1095	3.42	0.71	
自我反思能力	男	711	3.64	0.87	-2.065*
	女	1095	3.72	0.75	
自我调节能力	男	711	3.13	0.85	-2.175*
	女	1095	3.21	0.71	

注：*$P<0.05$，***$P<0.001$。

受性别因素的影响，男女生自我评价能力有所不同。女大学生先天心思细腻，善于反思和总结自我，因而她们的自我评价意识、自我认知能力、自我反思能力、自我调节能力和总体自我评价能力显著高于男大学生。而受中国传统观念的影响，男大学生在成长中受到的期待、要求和关注更多，客观因素对其自我评价能力产生了一定的遮蔽，也影响了男大学生的自我评价能力表现。

年级差异的调查结果：通过调查数据的单因素方差分析（ANOVA）来检验大学生自我评价能力的年级差异。结果如表3-15所示，自我评价能力及六因子在年级方面均存在显著性差异。通过 LSD 检验进一步分析年级差异，分析结果表明大四学生的自我评价能力及六因子均显著高于其他三个年级，而其他三个年级之间在自我评价能力及六因子间的差异不大。

表 3-15　年级差异分析的单因素方差分析（ANOVA）统计结果

	年级	N	均值	标准差	F
自我评价能力	大一	902	3.50	0.66	29.57 ***
	大二	388	3.49	0.73	
	大三	301	3.56	0.82	
	大四	215	3.86	0.82	
自我评价意识	大一	902	3.52	0.75	29.79 ***
	大二	388	3.43	0.80	
	大三	301	3.55	0.93	
	大四	215	3.72	0.91	
自我评价情感	大一	902	3.81	0.75	21.35 ***
	大二	388	3.83	0.83	
	大三	301	3.77	0.91	
	大四	215	4.17	0.89	
自我评价知识与技能	大一	902	3.92	0.81	13.06 ***
	大二	388	3.93	0.82	
	大三	301	3.97	0.91	
	大四	215	4.33	0.87	
自我认知能力	大一	902	3.31	0.68	34.27 ***
	大二	388	3.37	0.75	
	大三	301	3.41	0.85	
	大四	215	3.63	0.85	

	年级	N	均值	标准差	F
自我反思能力	大一	902	3.66	0.73	27.74 ***
	大二	388	3.67	0.77	
	大三	301	3.64	0.85	
	大四	215	3.94	0.87	
自我调节能力	大一	902	3.03	0.69	25.73 ***
	大二	388	3.06	0.73	
	大三	301	3.43	0.85	
	大四	215	3.61	0.85	

注: *** $P<0.001$。

随着年龄的增长，大四的学生社会阅历好于其他年级，他们的自我意识发展得更加成熟，因而自我评价能力高于其他年级。大四学生经过大学三年的历练和成长，相比大一大二和大三的学生，他们能更加全面地认识和了解自己，因而他们的自我评价意识、自我评价情感和自我评价知识与技能高于其他三个年级。此外，大四学生面临人生的第一次职业选择，是继续读研还是就业、到哪个城市就业、从事哪个领域的工作等现实性人生抉择问题摆在面前，相比其他三个年级的学生，他们自我反思得更加深刻，而且为了达成考研或者成功就业的目标，他们需要不断调整自己，以最好的成绩考取研究生或者如愿就业，因而自我认知能力、自我反思能力和自我调节能力好于其他三个年级。

学历层次差异的调查结果：通过调查数据的单因素方差分析（ANO-VA）来检验大学生自我评价能力的学历层次差异。结果如表3-16所示，自我评价能力及六因子在学历层次方面均存在显著性差异。采用LSD检验进一步分析学历层次差异，分析结果表明：在总体自我评价能力方面双一流高校大学生显著高于高职院校大学生，而高职院校大学生显著高于普通本科院校大学生；在自我评价意识方面，双一流高校大学生和高职院校大学生显著高于普通本科院校大学生，双一流高校大学生和高职院校大学生之间差异不显著；在自我评价情感方面，双一流高校大学生和高职院校大学生显著高于普通本科院校大学生，双一流高校大学生和高职院校大学生之间差异不显著；在自我评价知识与技能方面，双一流高校大学生显著高于高职院校大学生，而高职院校大学生显著高于普通本科院校大学生；在自我认知能力方面，双一流高校大学生显著高于普通本科院校大学生和高职院校大学生，而高职院校大学生显著高于普通本科院校大学生；在自我反思能力方面，双一流高校大学生和高职院校大学生显著高于普通本科院校大学生，双一流高校大学生和高职院校大学生之间差异不显著；在自我调节能力方面，双一流高校大学生和高职院校大学生显著高于普通本科院校大学生，双一流高校大学生和高职院校大学生之间差异不显著。综合以上分析可以发现，双一流高校大学生和高职院校大学生的自我评价能力相对较好，而普通本科院校大学生的自我评价能力相对较差。

表 3-16　学历层次差异分析的单因素方差分析（ANOVA）统计结果

	学历层次	N	均值	标准差	F
自我评价能力	双一流高校	368	3.75	0.65	30.25 ***
	普通本科院校	915	3.43	0.78	
	高职院校	523	3.64	0.71	
自我评价意识	双一流高校	368	3.74	0.73	33.51 ***
	普通本科院校	915	3.38	0.86	
	高职院校	523	3.65	0.80	
自我评价情感	双一流高校	368	4.03	0.75	23.71 ***
	普通本科院校	915	3.72	0.86	
	高职院校	523	3.95	0.79	
自我评价知识与技能	双一流高校	368	4.17	0.78	15.11 ***
	普通本科院校	915	3.89	0.86	
	高职院校	523	4.01	0.86	
自我认知能力	双一流高校	368	3.59	0.68	32.66 ***
	普通本科院校	915	3.24	0.81	
	高职院校	523	3.47	0.73	

续表

	学历层次	N	均值	标准差	F
自我反思能力	双一流高校	368	3.87	0.71	29.49***
	普通本科院校	915	3.55	0.82	
	高职院校	523	3.80	0.78	
自我调节能力	双一流高校	368	3.35	0.68	24.24***
	普通本科院校	915	3.06	0.79	
	高职院校	523	3.26	0.75	

注：*** $P<0.001$。

这里所说的学历层次差异是指大学生就读学校的类别差异。本书将大学生就读学校分为双一流高校、普通本科院校和高职院校三类。高考是一个分水岭，以分数之差将学生划分到不同类别的学校。相比普通本科院校和高职院校的学生，双一流高校的大学生学习基础好，求知欲旺盛，学习积极性高，他们更善于认识自我规划未来，也善于反思和调节自我。因而，双一流高校学生的自我评价能力整体发展水平以及各维度的发展水平通常高于普通本科院校大学生和高职院校大学生。与普通本科院校大学生相比，高职院校大学生因为学历的差异，更在意社会对自己的评价，自己也更注重自我评价，因而其自我评价能力较强。

专业差异的调查结果：通过调查数据的单因素方差分析（ANOVA）来检验大学生自我评价能力的专业差异。结果如表3-17所示，自我评价能力及六因子在专业方面均存在显著性差异。采用LSD检验进一步分析专业差异，分析结果表明：在自我评价能力，及自我评价意识、自我评价情感、自我评价知识与技能、自我认知能力、自我反思能力和自我调节能力六个因子方面，均出现文科和艺术类学生之间差异不显著、其他专业之间差异显著的情况。综合来看，商科学生的自我评价能力要好于其他专业，而理工科学生的自我评价能力相对较弱。

表 3-17　专业差异分析的单因素方差分析（ANOVA）统计结果

	专业	N	均值	标准差	F
自我评价能力	理工科	676	3.43	0.79	14.17***
	文科	522	3.57	0.68	
	商科	348	3.73	0.67	
	艺术类	260	3.61	0.80	
自我评价意识	理工科	676	3.37	0.91	16.03***
	文科	522	3.57	0.74	
	商科	348	3.73	0.75	
	艺术类	260	3.59	0.85	
自我评价情感	理工科	676	3.73	0.88	12.45***
	文科	522	3.84	0.78	
	商科	348	4.06	0.74	
	艺术类	260	3.91	0.85	
自我评价知识与技能	理工科	676	3.86	0.87	8.85***
	文科	522	4.00	0.78	
	商科	348	4.13	0.84	
	艺术类	260	4.06	0.91	
自我认知能力	理工科	676	3.25	0.82	12.90***
	文科	522	3.41	0.71	
	商科	348	3.55	0.70	
	艺术类	260	3.42	0.83	
自我反思能力	理工科	676	3.56	0.84	11.79***
	文科	522	3.71	0.75	
	商科	348	3.86	0.73	
	艺术类	260	3.74	0.82	
自我调节能力	理工科	676	3.06	0.81	12.56***
	文科	522	3.19	0.70	
	商科	348	3.36	0.68	
	艺术类	260	3.23	0.82	

注：*** $P < 0.001$。

从专业学科特点来看，商科是理工科和文科的交叉学科，商科学生通常既具有理工科学生逻辑思维能力强的特点，又具有文科生的感性认知的特点，更愿意通过自我评价来增强对自己的认知，改变自己提升自己，因而其自我评价能力较强。而理工科学生理性强感性弱，他们注重社会实践，擅长在实践技能的提升中不断提升自我，不愿意通过感性反思来评价和提升自己，这也导致了理工科学生的自我评价能力发展受限。文科学生与艺术类学生的自我评价能力无显著差异则与其自身的专业特点有关，感性的表达方式有利于学生探索自我、评价自我、提升自我。

是否独生子女差异的调查结果：通过对采集到的数据进行独立样本T检验来分析大学生自我评价能力在是否独生子女方面的差异。结果如表 3-18 所示，是否独生子女除在自我反思能力方面差异显著外，其他因子均不显著。

表 3-18　是否独生子女差异分析的独立样本 T 检验统计结果

	是否独生子女	N	均值	标准差	t
自我评价能力	是	860	3.58	0.78	1.58
	否	946	3.53	0.72	
自我评价意识	是	860	3.56	0.85	1.29
	否	946	3.51	0.82	
自我评价情感	是	860	3.87	0.85	0.98
	否	946	3.83	0.81	
自我评价知识与技能	是	860	4.01	0.88	1.60
	否	946	3.95	0.82	
自我认知能力	是	860	3.41	0.80	1.53
	否	946	3.35	0.75	
自我反思能力	是	860	3.73	0.83	1.98*
	否	946	3.65	0.77	
自我调节能力	是	860	3.21	0.80	1.54
	否	946	3.15	0.73	

注：* $P<0.05$。

是否独生子女在整体自我评价能力方面差异不显著，这是因为新时代大学生的父母通常是"70后"或者"80后"，这一代人大多数赶上了高考扩招制度，因而当前大学生的父母学历层次好于之前，他们注重对子女的教育和培养，因而是否独生子女的差异不显著。独生子女的父母拥有更多的精力放在孩子身上，因而独生子女受关注和受启发普遍多于非独生子女，他们的自我反思能力好于非独生子女。

是否学生干部差异的调查结果：通过调查数据的独立样本 T 检验来分析大学生自我评价能力在是否学生干部方面的差异。结果如表 3-19 所示，是否学生干部在自我评价情感和自我评价知识与技能方面差异显著，其他方面不显著。其中，学生干部的自我评价情感和自我评价知识与技能都显著高于非学生干部。

表 3-19　是否学生干部差异分析的独立样本 T 检验统计结果

	是否学生干部	N	均值	标准差	t
自我评价能力	是	446	3.60	0.77	1.60
	否	1360	3.54	0.74	
自我评价意识	是	446	3.58	0.83	1.49
	否	1360	3.52	0.83	
自我评价情感	是	446	3.94	0.83	2.72**
	否	1360	3.82	0.83	
自我评价知识与技能	是	446	4.06	0.87	2.22*
	否	1360	3.96	0.84	
自我认知能力	是	446	3.41	0.79	0.79
	否	1360	3.37	0.77	
自我反思能力	是	446	3.73	0.83	1.40
	否	1360	3.67	0.79	
自我调节能力	是	446	3.20	0.81	0.90
	否	1360	3.17	0.75	

注：* $P<0.05$，** $P<0.01$。

　　一般来讲，学生干部是大学生群体中比较优秀的团体，他们思想上要求进步，积极投身社会实践，对校园活动的参与度高于普通学生。参与实践活动让他们拥有更多的自尊和自信，因而自我评价情感好于普通学生。此外，学生干部是学生的服务者，他们在社会工作中服务他人，因而他们相比于普通学生可以掌握更好的自我评价知识与技能。从调查结果来看，虽然是否学生干部在自我认知能力方面差异不显著，但从均值来看，学生干部的自我认知能力高于非学生干部。本书认为学生干部参与社会工作和社会实践较多，他们有更多的机会全面了解自己，因而自我认知能力高于普通学生。

　　政治面貌差异的调查结果：通过调查数据的独立样本 T 检验来分析大学生自我评价能力在政治面貌方面的差异。结果如表 3-20 所示，不同政治面貌的学生在自我反思能力、自我调节能力和自我评价能力总分方面差异显著。其中，党员大学生的自我反思能力、自我调节能力和自我评价能力都显著高于非党员大学生。

表 3-20　政治面貌差异分析的独立样本 T 检验统计结果

	政治面貌	N	均值	标准差	t
自我评价能力	党员	143	3.90	0.87	5.74 ***
	非党员	1663	3.52	0.73	
自我评价意识	党员	143	3.58	0.92	0.68
	非党员	1663	3.53	0.83	
自我评价情感	党员	143	3.90	0.90	0.67
	非党员	1663	3.85	0.82	
自我评价知识与技能	党员	143	4.00	0.94	0.34
	非党员	1663	3.98	0.84	
自我认知能力	党员	143	3.40	0.91	0.28
	非党员	1663	3.38	0.76	
自我反思能力	党员	143	3.92	0.94	2.76 **
	非党员	1663	3.67	0.79	

续表

	政治面貌	N	均值	标准差	t
自我调节能力	党员	143	3.40	0.91	2.69 **
	非党员	1663	3.15	0.75	

注：** $P<0.01$，*** $P<0.001$。

作为大学生群体中的优秀典范，大学生党员作为大学生群体中的优秀骨干分子，他们经常接受党组织的思想政治教育，在良好的群体氛围熏陶下，大学生党员彰显着楷模示范作用，大学生党员的政治理论水平高、思想觉悟高、学习积极性高、参与活动的积极性强。因而，大学生党员的自我反思能力、自我调节能力和自我评价能力都好于普通大学生。但是，党员的光环可能放大了他们的优点，让他们时常以优秀者自居，过于关注自己的优点，不能辩证地看待自己的优点和缺点，所以在其他方面和普通学生差异不显著。

生源地差异的调查结果：通过调查数据的独立样本 T 检验来分析大学生自我评价能力在生源地方面的差异。结果如表 3-21 所示，不同生源地学生在自我评价能力和六个因子方面的差异都达到了显著性水平，城市生源地大学生的自我评价能力显著高于农村生源地大学生。

表 3-21　生源地差异分析的独立样本 T 检验统计结果

	生源地	N	均值	标准差	t
自我评价能力	城市	1004	3.62	0.74	4.18 ***
	农村	802	3.47	0.75	
自我评价意识	城市	1004	3.60	0.82	3.77 ***
	农村	802	3.45	0.84	
自我评价情感	城市	1004	3.92	0.83	4.14 ***
	农村	802	3.76	0.83	
自我评价知识与技能	城市	1004	4.05	0.86	3.76 ***
	农村	802	3.90	0.83	

续表

	生源地	N	均值	标准差	t
自我认知能力	城市	1004	3.45	0.77	3.97***
	农村	802	3.30	0.77	
自我反思能力	城市	1004	3.76	0.79	4.09***
	农村	802	3.60	0.80	
自我调节能力	城市	1004	3.23	0.76	3.58***
	农村	802	3.10	0.76	

注： *** $P<0.001$。

城市生源地学生与农村生源地学生在自我评价能力方面的差异与其成长环境有直接的关系。城市生源地学生成长环境相对丰富多彩，享有的物质资源、教育资源等比较丰富，学生受到环境的制约较小，相对自我，养成了关注自我评价的习惯。而农村生源地学生相比城市生源地学生成长环境相对简单，更容易受到他人评价的影响，因而在自我评价能力方面弱于城市生源地学生。

家庭结构差异的调查结果：通过调查数据的单因素方差分析（ANOVA）来检验大学生自我评价能力的家庭结构差异。结果如表3-22所示，除自我评价意识因子以外，自我评价能力及其他五个因子在不同家庭结构方面的差异达到了显著性水平。通过 LSD 检验进一步分析家庭结构差异，分析结果表明来自核心家庭学生的自我评价能力及其他五个因子要好于主干家庭，而单亲家庭学生与核心家庭学生、主干家庭学生的差异都未达到显著差异。

表 3-22　家庭结构差异分析的单因素方差分析（ANOVA）统计结果

	家庭结构	N	均值	标准差	F
自我评价能力	核心家庭	1253	3.58	0.75	3.44*
	主干家庭	430	3.47	0.71	
	单亲家庭	123	3.56	0.78	

续表

	家庭结构	N	均值	标准差	F
自我评价意识	核心家庭	1253	3.55	0.85	0.98
	主干家庭	430	3.49	0.80	
	单亲家庭	123	3.51	0.82	
自我评价情感	核心家庭	1253	3.89	0.83	4.10*
	主干家庭	430	3.75	0.81	
	单亲家庭	123	3.84	0.84	
自我评价知识与技能	核心家庭	1253	4.01	0.86	3.48*
	主干家庭	430	3.89	0.81	
	单亲家庭	123	4.02	0.87	
自我认知能力	核心家庭	1253	3.41	0.77	3.10*
	主干家庭	430	3.30	0.75	
	单亲家庭	123	3.40	0.82	
自我反思能力	核心家庭	1253	3.72	0.80	3.71*
	主干家庭	430	3.60	0.78	
	单亲家庭	123	3.74	0.86	
自我调节能力	核心家庭	1253	3.20	0.77	3.23*
	主干家庭	430	3.10	0.73	
	单亲家庭	123	3.16	0.81	

注：* $P<0.05$。

　　从家庭结构对大学生自我评价能力的影响的视角来看，核心家庭中大学生基本处于家庭的中心地位，父母会对大学生付出更多的关爱，也更注重大学生的成长和发展，因此来自核心家庭的大学生自我评价能力较好，对自己的认识更清晰，自我认知、反思、调节的能力也更强。相比核心家庭，主干家庭因为家庭人数、代际等因素的影响，大学生的成长经历受到更多外在因素的影响，因此其自我评价能力弱于核心家庭。来自单亲家庭的大学生对自己的评价会比核心家庭大学生和主干家庭大学生更敏感、更强烈，受单亲家庭经济、生活内容、交往对象等因素的影响，虽然来自单亲家庭的大学生愿意主动进行自我评价，但其自我评价能力并不强,而且也不太愿意表达自己评价的能力,因而其在自我评价能力及六个因子方面与核心家庭学生和主干家庭学生没有显著差异。

五 大学生自我评价能力现状调查结果分析

大学生自我评价能力现状调查显示,当前大学生自我评价能力整体处于中等水平,但仍有少部分学生自我评价能力存在一定的问题。这一调查结论为我们开展大学生思想政治教育研究提供了方向。

总的调查结果显示,当前大学生自我评价知识与技能和大学生自我评价情感相对较高,自我反思能力和自我评价意识次之,自我认知能力和自我调节能力相对较差。因此,部分大学生自我评价能力存在的具体问题突出表现在自我评价意识、自我认知能力、自我反思能力和自我调节能力不强,需要引起高校的高度重视。少部分大学生自我评价情感不足,这也是我们培养大学生自我评价能力需要努力的方向。

1. 部分大学生自我评价意识不强

调查结果显示,大学生自我评价意识得分均值为3.53(详见表3-13),表明大学生自我评价意识发展水平达标,整体处于中等水平。但仍然有23.48%的大学生自我评价意识得分均值小于3,表明仍然有23.48%的大学生自我评价意识不强。对各题的得分分析发现,大学生能够认识到自我评价的目的和意义,面对学校和老师要求开展自我评价时,他们大多数会积极参与,但是自主开展自我评价的分值不高,表明大学生开展自我评价活动主动性和积极性不强。

2. 部分大学生自我评价情感不高

调查结果显示,大学生自我评价情感得分均值超过了3(详见表3-13),表明大学生自我评价情感发展水平达标,同时整体处于较高水平。但仍然有19.1%的大学生自我评价情感得分均值小于3,表明仍然有19.1%的大学生自我评价情感不高。对各题的得分分析发现,大学生具有较高的自尊心,他们能够认识到自己是有价值的人,而且对自己能够保持肯定的态度，但是对现实自我仍然不满意，可见他们对于未来的自我怀有很高的期望；同时，他们缺乏战胜困难和处理突发事件的自信，他们的自我效能感也比较弱。

3. 部分大学生自我认知能力不强

调查结果显示，大学生自我认知能力得分均值超过了3（详见表3-13），但总体而言16个题目的得分都不高，表明大学生的自我认知能力处于中等水平，而且仍然有27.08%的大学生自我认知能力得分均值小于3，这部分大学生的自我认知能力有待于进一步提高。首先，大学生在价值观、道德观、社会交往观念等方面认知分值不高，表明他们对自己思想方面认知能力不高。其次，大学生对自己的职业意愿、生活意愿和学习意愿方面的认知能力还要弱于思想方面，可见大学生缺乏职业目标和职业规划，创造美好生活的意愿不强烈，而且学习方面也缺乏目标和方向，这一方面要引起我们的重视，我们要加强大学生的学业、思想和职业生涯规划教育。再次，大学生对自己的行为和人格特点认识能力不高，他们对于哪些事情是可以做的、哪些事情是不可以做的有时缺乏清晰的认识。最后，大学生对他们个人性格、气质类型以及兴趣爱好的认知水平也较低。总而言之，大学生缺乏对自己的准确认知，他们不能够全面而深刻地认识和了解自己，导致思想境界和道德水平不高，缺乏学业和职业生涯规划目标和方向，缺乏为理想和人生努力的实践行动。

4. 部分大学生自我反思能力不强

调查结果显示，大学生自我反思能力得分均值超过了3（详见表3-13），而且6个题目的得分都在3.5～4，表明大学生的自我反思能力处于中等偏上水平，大学生的自我反思能力发展水平较好。但仍然有21.43%的大学生自我认知能力得分均值小于3，这部分大学生的自我反思能力有待于进一步加强。具体来看，大多数大学生能够认识到事情不好时自己也有责任，面对一件事情的失败，他们不是将原因和错误归结于其他人，而是能够反思自我，在自己身上找原因；而且取得成功时，他们也能够及时地总结经验和好的做法，为以后提供借鉴和帮助；他们对自己的优点和不足有较好认识，能够找到自己的差距和不足。但是仍然有少部分大学生以自我为中心，不认为自己有问题，习惯将原因和错误归结于他人。

5. 部分大学生自我调节能力不强

调查结果显示，大学生自我调节能力得分均值超过了 3（详见表3-13），但得分都不高，都没有超过 3.5，表明大学生的自我调节能力相对不高，部分大学生的自我调节能力相对较差。具体表现在他们对于国家大事的关注度不高、学习思想政治理论知识的主动性不强、参加志愿服务活动的主动性不强、践行道德行为的行动力不强；而且当他们的私人利益与公共利益产生"矛盾"时，他们为社会、他人奉献和服务的意识不强，可见大学生的自我评价标准不高，他们将优秀榜样和社会标准作为自我评价标准来规范自身行为的行动力不强；尤其是对于自己情绪和言行方面调节能力不强，他们抵御诱惑的能力不强，为了长远目标而高效工作的行动力不强。

第二节 大学生自我评价能力影响因素的实证分析

马克思主义哲学观点认为，事物的发展变化是内因和外因共同作用的结果。外因是变化的条件，内因是变化的根据，外因是事物之间的相互联系和相互影响，内因是事物的内部矛盾，事物的内部矛盾也是相互影响的关系。[1] 可见，大学生自我评价能力的影响因素既包括外界的客观因素，也包括个体的主观因素。

为了挖掘出大学生自我评价能力的影响因素，本节首先在文献研究的基础上，将影响大学生自我评价能力的因素归纳总结为四个类别，分

---

① 徐光春：《马克思主义大辞典》，崇文局，2018，第 726~727 页。

别是学校因素、家庭因素、社会因素和个体因素。与此同时，提出识别各类别下影响大学生自我评价能力的子因素，进而提出关于大学生自我评价能力影响因素的基本假设。其次，参考大学生自我评价能力影响因素的相关量表，编制与修订适合本研究的"大学生自我评价能力影响因素调查问卷"，开展问卷调查，回收并筛选出有效的调查问卷。最后，对问卷调查的结果进行数据分析，运用 Pearson 相关分析方法对影响大学生自我评价能力的变量进行假设检验和结果分析，运用回归分析的方法对影响大学生自我评价能力的变量进行假设检验和结果分析。

一　影响因素的确定与研究假设

（一）影响因素的确定

目前，学术界对大学生自我评价能力影响因素的研究主要依赖于实证研究方法，研究结果也集中在学校、家庭、社会和个体方面。

1. 学校因素是大学生自我评价能力培养中不可忽视的重要因素

学校的评价环境影响大学生自我评价能力。大学时期是人生中最重要的时期，是大学生自我评价能力培养和发展的重要节点时段。这一时期，大学生离开父母步入大学校园，其身份从家庭关系中的核心成员转变为学校集体关系的诸多成员之一，其学习与生活的主要影响人员也从父母、兄弟、姊妹等转变为授课老师、行政事务管理教师、同学等。这种身份与主要影响人员的转变为大学生自我评价能力的形成和发展带来了很多新鲜的刺激与冲击，对大学生自我评价能力的培养发挥着非常重要的影响。国内外学者对影响学生自我评价能力的学校因素有着诸多探索和实践，国外学者发现通过有针对性的指导能够提高临床医生的自我评价能力[1]，书面或口头形式的反馈能够显著提高

---

[1]　Bull N. B., Silverman C. D., Bonrath E. M., "Targeted surgical coaching can improve operative self-assessment ability: A single-blinded nonrandomized trial," *Surgery*, 2000, 167 (2): 308-313.

学生的自我评价能力[①]；国内学者则将研究对象集中在教育领域，有学者发现教师的指导和反馈对提高大学生的自我评价能力发挥着至关重要的作用[②]，也有学者发现教师的辅导策略有助于时常性监控大学生的学习行为，并时刻监督促进大学生完成学业任务，激发学生更高层次的学习动机，对提高学生的知识、动机、方法和习惯四个方面的自我评价能力能够发挥有效作用[③]。

同伴比较影响大学生自我评价能力。除了教师之外，同伴作为大学生朝夕相处的成员，同样影响着大学生自我评价能力，也是不可忽视的重要因素。根据费斯汀格的社会比较理论，个体对自我价值的评定在一定程度上依赖于与他人的能力和条件的比较。也就是说，大学生通常将与自己条件、地位或处境等相似或接近的个体成员或群体成员作为比较对象，将自我与比较对象进行比较后才做出自我评价。[④] 大学生作为朝气蓬勃的一批人，表现出强烈的进取心与极强的可塑性，大学生群体也营造出成员之间相互学习、共同进步的氛围，为大学生寻找到与自己相似或接近的成员作为比较对象提供了绝佳的条件，也无形之中影响着大学生养成自我反思、评价和调节的习惯，尤其是把自己置于同等水平甚至是更高水平的个体之间作比较。

2. 家庭因素在大学生自我评价能力培养中具有关键作用

亲子关系影响大学生自我评价能力。大学生通常处于青少年阶段，在青少年的社会关系网络中，亲子关系毫无疑问地占据着第一位的重要地位，对青少年阶段的身心发展发挥着至关重要的作用。亲子关系也是大学

---

① Mehrnaz Geranmayeh, Zohre Khakbazan, Farahnaz Azizi, et al., "Effects of feedback on mid-wifery students' self-assessed performance and their self-assessment ability: a quasi-experimental study," *International Quarterly of Community Health Education*, 2020, 40 (4): 299-305.

② 张红霞、朱莹莹：《学生自我评价能力培养的模式与实践》，《中国高等医学教育》2012年第12期，第30~32页。

③ 杨晋芳：《中学化学学习活动中培养学生自我评价能力的实践性研究》，《山西师大学报》（社会科学版）2004年第S1期，第133~135页。

④ 陈玉琨：《教育评价学》，人民教育出版社，1999，第142页。

生处理其他社会关系的参考与基础，亲子关系的亲疏程度以潜移默化的形式塑造着青少年自我评价、自我认知、自我反思与自我调节的能力。一般的，对于从亲子关系发展良好的家庭中走出来的大学生，因为父母子女之间具有高度亲密的情感联结，子女能够从父母那里得到足够的爱与关注、宽容与理解、肯定与鼓励、支持与引导①，个体也会呈现较高的自我价值感水平与较强的自信心，能够对自己进行恰当且积极的评价②。

父母教养方式影响大学生自我评价能力。关于家庭关系对大学生自我评价能力影响的研究中，有学者通过调查研究的方法，系统探究了家庭中父母的教育方法与大学生自我评价能力之间的关系，认为家庭中父母的教育方法与大学生自我评价能力呈显著相关，其中，父母对孩子的情感温暖和理解等与大学生自我评价能力呈现正相关，父母对孩子的严厉态度、否定、拒绝与惩罚等与大学生自我评价能力呈现负相关。③父母对孩子给予越多的情感温暖与理解，对大学生的自我评价能力培养越有利；父母的严苛型教育方式，比如对孩子的态度强硬、否定性评价、拒绝赏识甚至是各种体罚，都将对大学生自我评价能力的培养产生消极影响。父母作为孩子的第一任老师，其教养方式对孩子的个体发展影响最为直接、最为重大，也最为深刻。④父母通过对孩子的教养行为，潜移默化地将社会规范、社会意识、处事方式、观念态度等传递给孩子，进而影响孩子的身心发展以及孩子的自我评价。⑤

---

① 吴旻、刘争光、梁丽婵：《亲子关系对儿童青少年心理发展的影响》，《北京师范大学学报》（社会科学版）2016 年第 5 期，第 55~63 页。

② 展爱军：《中学生亲子关系与自我评价能力提升》，《中学课程辅导》2020 年第 7 期，第 101 页。

③ 黄超云、张军建、任善玲：《大学生自我评价与父母养育方式的关系研究》，《中国行为医学科学》2005 年第 2 期，第 8 页。

④ 单志艳、吕学玉、李桂侠等：《父母教养方式和生活事件对个体思维方式发展的影响研究》，《教育学术月刊》2020 年第 7 期，第 82~89 页。

⑤ 陈琴、陈伊莉、姜琳等：《大学生自我评价、父母教养方式与主观幸福感相关研究》，《吉林省教育学院学报》2010 年第 8 期，第 20~21 页。

3. 社会因素在大学生自我评价能力培养中具有显著作用

他人评价影响大学生自我评价能力。人是社会关系的总和，个体要进行自我评价也必然会参照社会关系中他人对自己的评价。根据库利的"镜中自我"理论，社会就像一面镜子，一个人在其中的形象取决于他人对自己的评价与肯定。可以说，他人对自己的评价是个人进行自我评价的参照物。[①] 也有学者认为主体通过他人对自己的反应来评价自己，即"行为主体通过在与他人交往沟通的社会实践活动中所知觉到的他人对自己所做出的强烈或微小的反应来评价和认知自己"[②]。大学生了解、认识自我的最有效的途径一般是别人的评价和向别人学习，即别人对自己的评价会引起大学生自己的反思，他人的行为会影响自己的行为，优秀榜样的行为更是具有充当"镜子"的功能。[③] 对于大学生而言，父母、兄长、老师、同学是重要的社会关系人物，父母兄长对大学生自我意识的发展发挥着至关重要的作用，老师影响甚至引导着大学生自我意识发展的方向，同学对大学生的评价也在日常中改变着大学生对自我的认识，国外学者通过实验研究也肯定了同伴的反馈可以提高自我评价能力[④]。此外，大众媒体的繁荣也助长着网络信息对大学生自我评价的重要影响。[⑤] 同时，大学生因为自我意识发展得还不够成熟，所以还不能完全独立自主地对自己做出评价，大学生的自我评价仍然受他人评价的影响，甚至会表现出对周围人对自己的分析与评价格外敏感的特点。即使是来自身边人的一句平常评语，也会引起大学生强烈的情绪反应与深刻的内心思考。可以说，社会评价是影响大学生自我评价能力的重要因素，这些评价的主体涉及教师、相关工作人员、大学生的同伴群体、家长及其

---

① 陈玉琨：《教育评价学》，人民教育出版社，1999，第 142 页。
② 张元：《自我认知的实现路径》，《宁夏社会科学》2013 年第 5 期，第 127~131 页。
③ 刘华山：《大学教育心理学概论》，华中师范大学出版社，1991，第 107 页。
④ Sridharan B., Boud D., "The effects of peer judgement on teamwork and self-assessment ability in collaborative group work," *Assessment and Evaluation in Higher Education*, 2019, 44 (6): 894-909.
⑤ 耿步健：《大学生心理学》，东南大学出版社，2005，第 30 页。

他亲人、社群成员、社会媒体以及社会其他个人或组织团体等。[①]

社会实践影响自我评价能力。马克思认为："社会生活在本质上是实践的"，"实践是人们认识世界和改造世界的方式，对于认识来说起着决定性作用"。[②] 社会实践同样影响着大学生自我评价、自我认知、自我反思与自我调节的能力。有学者曾指出，社会实践帮助大学生构建起大学课堂与社会需要、职业情境之间的联系，帮助大学生增强对自我的认识，帮助大学生做出更适合自己的人生规划。[③] 不管是社会日常生活交往还是工作、学习等各种类型的实践活动，他人（如上述提到的同伴、家人等主体）的回应、态度、评价和反馈等，都能为自我评价提供一定的参照。久而久之，这些都有助于提高大学生自我认识水平和自我评价能力。[④] 一方面，大学生可以通过社会实践，对自身应该履行的责任和需要承担的义务形成更加清晰的认识，形成科学的人生观和稳定的价值观；另一方面，大学生也可以通过积极主动参与各类实践活动，培养发现问题与解决问题的乐观积极心态，增加对自我意识的理性认识。

4. 个体因素在大学生自我评价能力培养中具有决定性作用

人际关系是影响大学生自我评价能力的核心个体因素。1955 年，美国心理学家约瑟夫·鲁夫特（Joseph Luft）和哈里·英格拉姆（Harry Ingram）提出"约哈里之窗"模型，又被称为"乔韩窗口理论"[⑤]，即以"自己是否了解"和"是否为他人所知"为两个坐标轴，将人的心理分为如表 3-23 所示的四个窗口。

---

① 刘华山：《大学教育心理学概论》，华中师范大学出版社，1991，第107页。
② 《马克思恩格斯选集（第一卷）》，人民出版社，2012，第167页。
③ 方正泉：《高校社会实践育人实效性探析》，《学校党建与思想政治教育》2017年第10期，第79~82页。
④ 刘华山：《大学教育心理学概论》，华中师范大学出版社，1991，第109页。
⑤ Luft J., Ingham H., *The Johari window, a graphic model of interpersonal awareness. In Proceedings of the Western Training Laboratory in Group Development* (Los Angeles: University of California), 1955: 4.

表 3-23　乔韩窗口理论

	自己了解	自己不了解
他人了解	公开的我	盲目的我
他人不了解	秘密的我	未知的我

从这一模型可知，自己了解且他人了解的我是"公开的我"，他人不了解但自己了解的我是"秘密的我"，他人了解但自己不了解的我是"盲目的我"，他人不了解且自己不了解的我是"未知的我"。从个体发展的角度来看，无论人们对自我的了解达到了多么深刻的程度，也不能了解到完整的自我，只有借助与他人的交往了解"他人了解但自己不了解"的"盲目的我"，才能够发现自己从未留意的问题，更加多维、多面和深层地了解和认识自己，获得更加完整的自我评价。同时，也有学者曾指出，良好的人际交往在一定程度上对大学生的自我认知和自我评价能力的提升具有积极作用。[①]

价值观影响自我评价能力。观念是行动的先导，对于大学生个体而言，有什么样的价值观，就有什么样的价值标准，并伴随什么样的价值选择。"价值观是人们对客观存在的事物、现象以及对自身行为结果的意义、作用、效果和重要性的评定标准或衡量尺度，引导并推动着人们做出相关决策和采取相关行动。"[②] 价值观具有主观属性与选择属性。"一方面，价值观是个体基于自身的需求，根据自己内心的尺度把握的，另一方面，价值观也是个体对照自己的评定标准或衡量尺度进行主观性地、有意识地选择形成的结果。对于大学生群体来讲，他们第一步是形成正确的价值观，第二步就在正确价值观的引导下建立相应的价值标准，第三步在前两步的基础之上做出相应的价值判断。"[③] 由此观之，价值观同样决定着大学生自我评价标准的选择，对大学生自我评价能力的形成

---

① 张曼华：《大学生心理健康教育（第 2 版）》，江苏凤凰科学技术出版社，2018，第 77 页。
② 许燕、王砾瑟：《北京和香港大学生价值观的比较研究》，《心理学探新》2001 年第 4 期，第 40~45 页。
③ 林崇德：《发展心理学（第二版）》，浙江教育出版社，2018，第 425 页。

与发展具有重要影响。

一言以概之，本书将影响大学生自我评价能力的因素归纳、总结为学校因素、家庭因素、社会因素和个体因素四个方面。其中，学校因素包括学校的评价环境、教师的辅导与反馈和同伴比较，家庭因素包括亲子关系和父母教养方式，社会因素包括他人评价和社会实践，个体因素包括价值观和人际关系。

（二）影响因素的研究假设

1. 学校因素对大学生自我评价能力影响的假设

根据前文有关学者就学校因素对大学生自我评价能力影响的研究，本书涉及的假设主要有如下几个：

H1：评价环境对大学生自我评价能力有正向显著的预测。

H2：教师辅导与反馈对大学生自我评价能力有正向显著的预测。

H3：同伴比较对大学生自我评价能力有正向显著的预测。

2. 家庭因素对大学生自我评价能力影响的假设

根据前文有关家庭因素对大学生自我评价能力影响的分析，本书提出以下假设：

H4：父母教养方式对大学生自我评价能力有正向显著的预测。

H5：亲子关系对大学生自我评价能力有正向显著的预测。

3. 社会因素对大学生自我评价能力影响的假设

根据前文有关社会因素对大学生自我评价能力影响的分析，本书提出以下假设：

H6：社会实践对大学生自我评价能力有正向显著的预测。

H7：他人评价对大学生自我评价能力有正向显著的预测。

4. 个体因素对大学生自我评价能力影响的假设

根据前文有关个体因素对大学生自我评价能力影响的分析，本书提出以下假设：

H8：人际关系对大学生自我评价能力有正向显著的预测。

H9：价值观对大学生自我评价能力有正向显著的预测。

二 调查问卷的编制与检验

（一）调查问卷的编制

根据大学生自我评价能力影响因素的相关论断和研究假设，参考相关研究使用的量表，可以编写与修订出"大学生自我评价能力影响因素调查问卷"。因为"大学生自我评价能力影响因素调查问卷"的编制过程与"大学生自我评价能力现状调查问卷"相同，本节不再赘述。"大学生自我评价能力影响因素调查问卷"中编制了54个题项，包括学校因素、家庭因素、社会因素、个体因素四方面，含评价环境、教师辅导与反馈、同伴比较、父母教养方式、亲子关系、社会实践、他人评价、人际关系、价值观9个二级指标，每个二级指标下设6个题项，每个题项下设5个选项。每个题项采用5点计分法，从完全不符合到完全符合，由低到高，依次记1分、2分、3分、4分、5分。

（二）被试结构分析

本书在实践调查的过程中采用大学生自我评价能力影响因素调查与大学生自我评价能力现状调查同步进行的方式，选择完全一致的样本，最终同样筛选出有效样本1806个。按照性别划分，男大学生711人（39.4%）、女大学生1095人（60.6%）；按照学历层次划分，双一流高校368人（20.4%）、普通本科院校915人（50.7%）、高职院校523人（29.0%）；按照专业划分，文科522人（28.9%）、理工科676人（37.4%）、商科348人（19.3%）、艺术类260人（14.4%）；按照年级划分，大一902人（49.9%）、大二388人（21.5%）、大三301人（16.7%）、大四215人（11.9%）；按照是否独生子女划分，独生子女860人（47.6%）、非独生子女946人（52.4%）；按照是否学生干部划分，学生干部446人（24.7%）、非学生干部1360人（75.3%）；按照政治面貌划分，党员143人（7.9%）、非党员1663人（92.1%）；按照生源地划分，来自城市的1004人

（55.6%）、来自农村的 802 人（44.4%）；按照家庭结构划分，核心家庭 1253 人（69.4%）、主干家庭 430 人（23.8%）、单亲家庭 123 人（6.8%）。

（三）信效度分析

通过对样本数据进行信效度分析，发现影响因素调查样本数据具有较高的信效度。如表 3-24 所示，问卷各因子的内部一致性系数、分半信度、因素负荷量、组合信度和平均方差抽取量均超过了显著值，说明样本数据信效度良好，可以进行假设检验。

表 3-24　影响因素样本的信效度

影响因素	Cronbach's α	分半信度	因素负荷量	组合信度	平均方差抽取量
评价环境	0.97	0.97	0.92～0.95	0.98	0.89
教师辅导与反馈	0.98	0.97	0.94～0.96	0.98	0.91
同伴比较	0.91	0.86	0.63～0.91	0.94	0.72
父母教养方式	0.88	0.90	0.39～0.89	0.91	0.64
亲子关系	0.96	0.93	0.90～0.94	0.97	0.85
社会实践	0.95	0.91	0.83～0.94	0.96	0.82
他人评价	0.89	0.75	0.79～0.83	0.92	0.66
人际关系	0.95	0.92	0.85～0.93	0.96	0.81
价值观	0.96	0.96	0.84～0.94	0.97	0.85

三　调查的实施

（一）学校因素调查的实施

1. 学校因素与大学生自我评价能力的相关性分析

通过 Pearson 相关分析来验证学校因素与大学生自我评价能力之间是否存在相关性。相关分析的结果如表 3-25 所示，评价环境因素、教师辅导与反馈因素、同伴比较因素与大学生自我评价能力之间均呈显著正相关，相关分析结果初步验证了研究假设 H1、H2、H3，可以通过回归分析进一步验证研究假设。

表 3-25　学校因素与大学生自我评价能力的相关分析

	评价环境	教师辅导与反馈	同伴比较	自我评价能力
评价环境	1			
教师辅导与反馈	0.91**	1		
同伴比较	0.78**	0.77**	1	
自我评价能力	0.83**	0.81**	0.82**	1

注：** $P < 0.01$。

2. 学校因素对大学生自我评价能力预测的回归分析

为检验评价环境因素、教师辅导与反馈因素、同伴比较因素对自我评价能力的预测作用，本书以评价环境、教师辅导与反馈、同伴比较为自变量，以自我评价能力为因变量，构建回归模型并进行检验，结果如表 3-26 所示。

表 3-26　学校因素对大学生自我评价能力的回归分析

	自我评价能力			
	β	t	LLCI	ULCI
评价环境	0.10***	4.13***	0.05	0.15
教师辅导与反馈	0.37***	22.26***	0.34	0.41
同伴比较	0.33***	13.39***	0.28	0.38
R	0.87			
R²	0.76			
F	1965.58***			

注：*** $P < 0.001$。

如表 3-26 所示，回归模型的分析结果显示 F 值达到了显著性水平，回归模型的拟合度较好，说明分析结果具有统计学意义。根据表 3-26 中数据，评价环境因素对大学生自我评价能力的正向预测作用显著 $\{\beta = 0.10$，$t = 4.13$，$P < 0.001$，95%CI = [0.05，0.15]$\}$，研究假设 H1 成立；教师辅导与

反馈因素对大学生自我评价能力的正向预测作用显著 $\{\beta=0.37$，$t=22.26$，$P<0.001$，$95\%CI=[0.34,0.41]\}$，研究假设 H2 成立；同伴比较因素对大学生自我评价能力的正向预测作用显著 $\{\beta=0.33$，$t=13.39$，$P<0.001$，95% $CI=[0.28,0.38]\}$，研究假设 H3 成立。回归分析结果表明评价环境因素、教师辅导与反馈因素、同伴比较因素对大学生自我评价能力有正向的预测作用。学校因素对大学生自我评价能力的影响模型详见图 3-3。

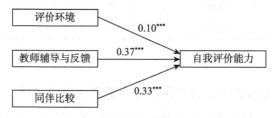

图 3-3　学校因素影响自我评价能力的模型

3. 学校因素对大学生自我评价能力因子预测的回归分析

为进一步分析学校因素对大学生自我评价能力的预测作用，本书依次以学校因素三个因子为自变量，以六个大学生自我评价能力因子为因变量进行回归分析，分析每种因素的具体功能。如表 3-27 所示（不显著的未报告），评价环境因素可以正向预测自我评价意识、自我评价知识与技能，教师辅导与反馈因素可以正向预测自我评价意识、自我评价情感、自我评价知识与技能、自我认知能力、自我反思能力，同伴比较因素可以正向预测自我评价情感、自我认知能力、自我调节能力。学校因素三因子对大学生自我评价能力六因子的影响模型如图 3-4 所示。

表 3-27　学校因素三因子对大学生自我评价能力六因子的回归分析

	自我评价意识	自我评价情感	自我评价知识与技能	自我认知能力	自我反思能力	自我调节能力
	β	β	β	β	β	β
评价环境	0.69 ***	不显著	0.71 ***	不显著	不显著	不显著
R	0.73		0.73			

续表

	自我评价意识	自我评价情感	自我评价知识与技能	自我认知能力	自我反思能力	自我调节能力
	β	β	β	β	β	β
R^2	0.53		0.54			
F	2020.66***		2101.16***			
教师辅导与反馈	0.68***	0.65***	0.69***	0.70***	0.71***	不显著
R	0.72	0.68	0.71	0.78	0.76	
R^2	0.51	0.47	0.49	0.61	0.59	
F	1899.41***	1583.75***	1790.80***	2850.19***	2602.83***	
同伴比较	不显著	0.70***	不显著	0.73***	不显著	0.79***
R		0.69		0.77		0.83
R^2		0.48		0.6		0.69
F		1707.30***		2729.67***		4068.16***

注：*** $P<0.001$。

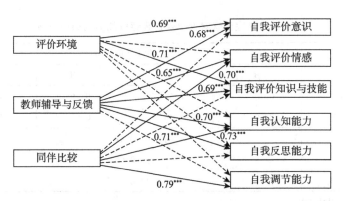

图 3-4　学校因素三因子影响大学生自我评价能力六因子的模型

（二）家庭因素调查的实施

1. 家庭因素与大学生自我评价能力的相关性分析

通过 Pearson 相关分析来验证家庭因素与大学生自我评价能力之间是否存在相关性。相关分析的结果如表 3-28 所示，父母教养方式因素、亲子关系因素与大学生自我评价能力之间均呈显著正相关，相关分析结果初步验证了研究假设 H4、H5，可以通过回归分析进一步验证研究假设。

表 3-28　家庭因素与大学生自我评价能力的相关分析

	父母教养方式	亲子关系	自我评价能力
父母教养方式	1		
亲子关系	0.38 **	1	
自我评价能力	0.51 **	0.78 **	1

注：** $P<0.01$。

2. 家庭因素对大学生自我评价能力预测的回归分析

为检验父母教养方式因素、亲子关系因素对自我评价能力的预测作用，本书以父母教养方式、亲子关系为自变量，以自我评价能力为因变量，构建回归模型并进行检验，结果如表 3-29 所示。

表 3-29　家庭因素对大学生自我评价能力的回归分析

	自我评价能力			
	β	t	LLCI	ULCI
父母教养方式	0.18 ***	16.54 ***	0.16	0.21
亲子关系	0.59 ***	46.56 ***	0.57	0.62
R	0.81			
R^2	0.66			
F	1790.39 ***			

注：*** $P<0.001$。

如表 3-29 所示，回归模型的分析结果显示 F 值达到了显著性水平，回归模型的拟合度较好，说明分析结果具有统计学意义。根据表 3-29 中数据，父母教养方式因素对大学生自我评价能力的正向预测作用显著 {$\beta=$ 0.18, $t=16.54$, $P<0.001$, 95%CI = ［0.16, 0.21］}，研究假设 H4 成立；亲子关系因素对大学生自我评价能力的正向预测作用显著 {$\beta=$ 0.59, $t=46.56$, $P<0.001$, 95%CI = ［0.57, 0.62］}，研究假设 H5 成

立。回归分析结果表明父母教养方式因素、亲子关系因素对大学生自我评价能力有正向的预测作用。家庭因素对大学生自我评价能力的影响模型详见图3-5。

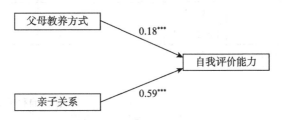

图3-5　家庭因素影响自我评价能力的模型

3. 家庭因素对大学生自我评价能力因子预测的回归分析

为进一步分析家庭因素对大学生自我评价能力的预测作用，本书依次以家庭因素二因子为自变量，以六个大学生自我评价能力因子为因变量进行回归分析，分析每种因素的具体功能。如表3-30所示（不显著的未报告），父母教养方式因素可以正向预测自我评价情感、自我调节能力，亲子关系因素同样也可以正向预测自我评价情感、自我调节能力，而对其他因子的预测作用不显著。家庭因素二因子对大学生自我评价能力六因子的影响模型见图3-6。

表3-30　家庭因素二因子对大学生自我评价能力六因子的回归分析

	自我评价意识	自我评价情感	自我评价知识与技能	自我认知能力	自我反思能力	自我调节能力
	β	β	β	β	β	β
父母教养方式	不显著	0.37***	不显著	不显著	不显著	0.40***
R		0.45				0.52
R^2		0.19				0.27
F		446.76***				658.92***
亲子关系	不显著	0.66***	不显著	不显著	不显著	0.68***
R		0.69				0.76

续表

	自我评价意识	自我评价情感	自我评价知识与技能	自我认知能力	自我反思能力	自我调节能力
	β	β	β	β	β	β
R^2		0.47				0.58
F		1650.33***				2551.86***

注：*** $P<0.001$。

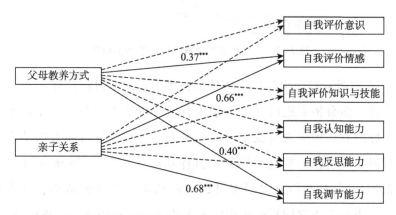

图 3-6　家庭因素二因子影响大学生自我评价能力六因子的模型

（三）社会因素调查的实施

1. 社会因素与大学生自我评价能力的相关性分析

通过 Pearson 相关分析来验证社会因素与大学生自我评价能力之间是否存在相关性。相关分析的结果如表 3-31 所示，社会实践因素、他人评价因素与大学生自我评价能力之间均呈显著正相关，相关分析结果初步验证了研究假设 H6、H7，可以通过回归分析进一步验证研究假设。

表 3-31　社会因素与大学生自我评价能力的相关分析

	社会实践	他人评价	自我评价能力
社会实践	1		
他人评价	0.55**	1	

	社会实践	他人评价	自我评价能力
自我评价能力	0.86**	0.57**	1

注：** $P<0.01$。

2. 社会因素对大学生自我评价能力预测的回归分析

为检验社会实践因素、他人评价因素对自我评价能力的预测作用，本书以社会实践、他人评价为自变量，以自我评价能力为因变量，构建回归模型并进行检验，结果如表 3-32 所示。

表 3-32　社会因素对大学生自我评价能力的回归分析

	自我评价能力			
	β	t	LLCI	ULCI
社会实践	0.72***	57.54***	0.70	0.75
他人评价	0.11***	9.61***	0.09	0.13
R	0.87			
R^2	0.76			
F	2902.55***			

注：*** $P<0.001$。

如表 3-32 所示，回归模型的分析结果显示 F 值达到了显著性水平，回归模型的拟合度较好，说明分析结果具有统计学意义。根据表 3-32 中数据，社会实践因素对大学生自我评价能力的正向预测作用显著｛$\beta=$ 0.72，t=57.54，$P<0.001$，95%CI=［0.70，0.75］｝，研究假设 H6 成立；他人评价因素对大学生自我评价能力的正向预测作用显著｛$\beta=$ 0.11，t=9.61，$P<0.001$，95%CI=［0.09，0.13］｝，研究假设 H7 成立。回归分析结果表明社会实践因素、他人评价因素对大学生自我评价能力有正向的预测作用，社会因素对大学生自我评价能力的影响模型详见图 3-7。

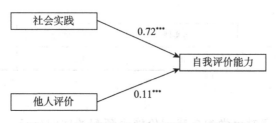

图 3-7 社会因素影响自我评价能力的模型

3. 社会因素对大学生自我评价能力因子预测的回归分析

为进一步分析社会因素对大学生自我评价能力的预测作用，本书依次以社会因素二因子为自变量，以六个大学生自我评价能力因子为因变量进行回归分析，分析每种因素的具体功能。如表 3-33 所示（不显著的未报告），社会实践因素可以正向预测自我评价情感、自我认知能力、自我反思能力和自我调节能力，他人评价因素可以正向预测自我评价意识、自我评价情感、自我认知能力、自我反思能力和自我调节能力，而对其他因子的预测作用不显著。社会因素二因子对大学生自我评价能力六因子的影响模型见图 3-8。

表 3-33　社会因素二因子对大学生自我评价能力六因子的回归分析

	自我评价意识	自我评价情感	自我评价知识与技能	自我认知能力	自我反思能力	自我调节能力
	β	β	β	β	β	β
社会实践	不显著	0.76 ***	不显著	0.79 ***	0.80 ***	0.81 ***
R		0.75		0.83	0.82	0.85
R^2		0.56		0.70	0.67	0.73
F		2318.48 ***		4239.11 ***	3730.74 ***	4932.17 ***
他人评价	0.47 ***	0.47 ***	不显著	0.46 ***	0.50 ***	0.50 ***
R	0.49	0.50		0.52	0.54	0.57
R^2	0.24	0.25		0.28	0.29	0.32
F	577.18 ***	614.78 ***		699.85 ***	769.44 ***	882.59 ***

注：*** $P<0.001$。

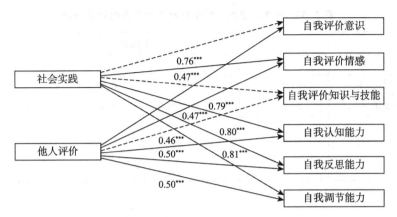

图 3-8   社会因素二因子影响大学生自我评价能力六因子的模型

(四) 个体因素调查的实施

1. 个体因素与大学生自我评价能力的相关性分析

通过 Pearson 相关分析来验证个体因素与大学生自我评价能力之间是否存在相关性。相关分析的结果如表 3-34 所示，人际关系因素、价值观因素与大学生自我评价能力之间均呈显著正相关，相关分析结果初步验证了研究假设 H8、H9，可以通过回归分析进一步验证研究假设。

表 3-34   个体因素与大学生自我评价能力的相关分析

	人际关系	价值观	自我评价能力
人际关系	1		
价值观	0.77**	1	
自我评价能力	0.84**	0.80**	1

注: ** $P<0.01$。

2. 个体因素对大学生自我评价能力预测的回归分析。

为检验人际关系因素、价值观因素对自我评价能力的预测作用，本书以人际关系、价值观为自变量，以自我评价能力为因变量，构建回归模型并进行检验，结果如表 3-35 所示。

表 3-35　个体因素对大学生自我评价能力的回归分析

	自我评价能力			
	β	t	LLCI	ULCI
人际关系	0.51***	30.52***	0.48	0.54
价值观	0.34***	20.55***	0.31	0.37
R	0.87			
R²	0.76			
F	2888.52***			

注：*** $P<0.001$。

如表 3-35 所示，回归模型的分析结果显示 F 值达到了显著性水平，回归模型的拟合度较好，说明分析结果具有统计学意义。根据表 3-35 中数据，人际关系因素对大学生自我评价能力的正向预测作用显著 $\{\beta = 0.51，t=30.52，P<0.001，95\%CI = [0.48，0.54]\}$，研究假设 H8 成立；价值观因素对大学生自我评价能力的正向预测作用显著 $\{\beta=0.34，t=20.55，P<0.001，95\%CI = [0.31，0.37]\}$，研究假设 H9 成立。回归分析结果表明人际关系因素和价值观因素对大学生自我评价能力有正向的预测作用，个体因素对大学生自我评价能力的影响模型详见图 3-9。

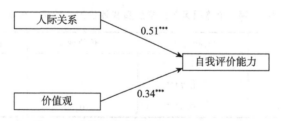

图 3-9　个体因素影响自我评价能力的模型

3. 个体因素对大学生自我评价能力因子预测的回归分析

为进一步分析个体因素对大学生自我评价能力的预测作用，本书依次以个体因素二因子为自变量，以六个大学生自我评价能力因子为因变量进行回归分析，分析每种因素的具体功能。如表 3-36 所示（不显著的未报告），人际关系因素可以正向预测自我评价情感、自我认知能力，价值观因素可以正向预测自我评价情感、自我调节能力，对其他因子的预测作用不显著。个体因素二因子对大学生自我评价能力六因子的影响模型见图3-10。

表3-36 个体因素二因子对大学生自我评价能力六因子的回归分析

	自我评价意识	自我评价情感	自我评价知识与技能	自我认知能力	自我反思能力	自我调节能力
	β	β	β	β	β	β
人际关系	不显著	0.78 ***	不显著	0.79 ***	不显著	不显著
R		0.76		0.80		
R^2		0.58		0.64		
F		2521.05 ***		3241.98 ***		
价值观	不显著	0.68 ***	不显著	不显著	不显著	0.79 ***
R		0.66				0.83
R^2		0.44				0.69
F		1426.61 ***				4104.85 ***

注：*** $P<0.001$。

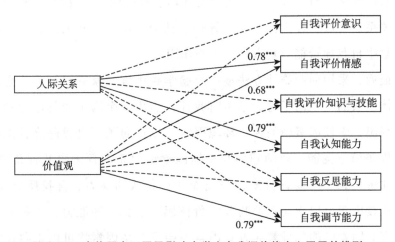

图3-10 个体因素二因子影响大学生自我评价能力六因子的模型

四 大学生自我评价能力影响因素调查结果分析

通过大学生自我评价能力影响因素的理论研究与实证分析，本章主要得出如下三点研究结论。

首先，在前期大学生自我评价能力相关理论和实证研究的基础上，提炼并归纳出大学生自我评价能力的影响因素为学校因素、家庭因素、社会因素与个体因素四个方面，并进一步提出学校因素包括评价环境、教师辅导与反馈、同伴比较，家庭因素主要包括亲子关系和父母教养方式，社会因素主要包括他人评价和社会实践，个体因素主要包括人际关系和价值观。

其次，采用 Pearson 相关分析方法对学校因素、家庭因素、社会因素和个体因素中的这 9 个具体影响因素进行验证分析，得出评价环境、教师辅导与反馈、同伴比较、亲子关系、父母教养方式、他人评价、社会实践、人际关系和价值观均与大学生自我评价能力呈显著正相关，也就是说研究假设成立。采用回归统计方法对大学生自我评价能力的 9 个影响因素做验证分析，经研究得出评价环境、教师辅导与反馈、同伴比较、亲子关系、父母教养方式、他人评价、社会实践、人际关系、价值观均对大学生自我评价能力具有正向预测作用。

最后，采用回归统计方法逐一检验学校因素、家庭因素、社会因素和个体因素的 9 个因子对大学生自我评价能力 6 个因子的具体影响。经研究得出：学校因素中的评价环境因素可以正向预测自我评价意识和自我评价知识与技能，教师辅导与反馈因素可以正向预测自我评价意识、自我评价情感、自我评价知识与技能、自我认知能力、自我反思能力，同伴比较因素可以正向预测自我评价情感、自我认知能力、自我调节能力；家庭因素中的父母教养方式因素与亲子关系因素均可以正向预测自我评价情感、自我调节能力；社会因素中的社会实践因素可以正向预测自我评价情感、自我认知能力、自我反思能力和自我调节能力，他人评价因素可以正向预测自我评价意识、自我评价情感、自我认知能力、自我反思能力和自我调节能力；个体因素中的人际关系因素可以正向预测自我评价情感、自我认知能力，价值观因素可以正向预测自我评价情感、自我调节能力。这些结论对分析大学生自我评价能力培养中存在的问题，提出加强大学生自我评价能力培养的对策建议具有一定的指导意义。

第四章　大学生自我评价能力培养
存在的问题分析

　　大学生自我评价能力的培养是一项复杂而艰巨的工程，仍然存在很多问题亟待解决。前文的调查结果显示，当前部分大学生自我评价能力存在着一定的问题，为了解决这些问题，我们需要在这部分大学生自我评价能力培养上下功夫。大学生自我评价能力受外界客观因素的影响，也受内在主观因素的影响。因此，结合外在影响因素和内在个体因素来深入分析大学生自我评价能力培养存在的问题，可以为进一步提出加强大学生自我评价能力培养的对策建议做出前期准备。

第一节　高校缺乏对大学生自我评价能力培养的宏观指导

　　校园环境对大学生的思想观念、心理素质、行为方式和价值取向等方面具有直接的渗透作用，对于大学生自我评价能力培养产生潜移默化的影响。根据大学生自我评价能力影响因素的实证研究（详见表3-25、表3-26、表3-27），高校的评价环境、教师辅导与反馈和同伴比较可以影响大学生自我评价能力。因此，有必要从高校的评价环境、教师辅导与反馈和同伴比较对象选择的客观引导三个方面，深入分析部分高校在大学生自我评价能力培养中存在问题的原因，为加强大学生自我评价能力培养提供参考和依据。

一　高校对大学生自我评价顶层设计相对不足

高校在大学生自我评价能力培养中处于主导地位，通过建立大学生自我评价制度，向大学生讲授自我评价的内涵、目的和意义，让大学生明确自我评价在个人发展中的重要作用，可以调动大学生自我评价的主动性；通过向大学生讲授自我评价的内容和方法，教育引导大学生掌握评价方法，有效地开展自我评价。

当前有一部分高校重视大学生的自我评价工作，能够通过课堂、班会、讲座等方式向大学生讲授自我评价的理论知识和自我评价的方法，强调大学生自我评价的重要性，让学生充分了解大学生自我评价的含义，认识自我评价活动对大学生个人发展的重要性；有的高校建立了自我评价制度，有的高校提出了自我评价的要求，组织和要求学生开展自我评价。但是，将大学生自我评价纳入大学生综合素质评价和学习成绩考核中的高校十分稀少，无从保证大学生自我评价工作的实际效果。从大学生自我评价能力现状的调查结果（详见表3-13）来看，仍有16.22%的大学生掌握自我评价知识与技能的水平不高。大学生对自我评价含义的认识不清，一方面会导致大学生无法认识到自我评价对自身发展的重要意义，从而难以产生主动的自我评价行为；另一方面会导致大学生对自我评价的内容不清晰、对自我评价的方法不掌握，不明白应带着怎样的情感体验来开展自我评价等，进而导致自我评价出现偏差。长此以往，这会造成大学生不能全面、深刻地认识和评价自己，错失以自我评价能力的发展促进自身发展的有利时机。

在学校因素对大学生自我评价能力的回归分析（详见表3-27）中，高校的评价环境可以影响大学生自我评价意识和自我评价知识与技能。高校缺乏大学生自我评价的效果保障、缺乏大学生自我评价的评价机制，以及传统的教育模式，会导致高校自我评价环境不浓厚，直接影响大学生自我评价意识的培养和自我评价知识与技能的掌握。究其原因，是高校对大学生自我评价顶层设计不足。

在传统的教育模式中，学校对学生的教育评价以考试为主要手段，评价手段较为单一；以分数与评定等级为主要目的，偏重结果性评价，忽视过程性评价；以"他人评价"为主要评价方式，忽视了"自我评价"的方式，使学生总是处于一种被评价的被动地位。长期以来，教师掌握着整个评价过程、评价方式与评价结果，使学生养成了"被动待评"的习惯，缺乏自我评价的主动意识，也缺乏对自身的学习进行评价、反思与调整的行动。① 当代教育评价理念强调师生共同参与评价，要求教师在教育教学的过程中尽量为学生提供或创设可以进行自我评价的机会或条件，要求作为评价对象的学生也要尽量参与评价的全过程。在传统的教育模式中，学生并不是不具备自我评价的能力，而是被教师的"他人评价"所代替，失去了展示的机会。在新的教育评价理念下，给予学生足够的时间与机会进行自我评价训练，学生完全可以形成对自我评价的准确认识并提升自我评价的能力。在实证调查中，我们也了解到大部分高校没有建立大学生自我评价的制度，更遑论大学生自我评价的管理、考评、激励制度，这必然会对大学生自我评价的成效产生消极影响。由此可见，高校加强顶层设计，建立完善的大学生自我评价制度迫在眉睫。

二 高校对大学生自我评价跟踪与辅导执行迟缓

"教师是人类灵魂的工程师。""师者，传道、授业、解惑也。"教师在传授给学生知识、经验与技能的过程中，还需要帮助学生解答学习中遇到的困惑，给学生以指点，启发学生进一步思考，引导学生搭建知识结构和掌握技能技巧等。在推进大学生自我评价活动中，教师可以通过指导的方式向大学生传授知识和经验，具体指通过课堂、班会、讲座等

---

① 张衷平：《引导大学生构建自我评价标准和知识体系》，《教书育人》2009 年第 6 期，第 16~17 页。

方式向大学生介绍自我评价的含义，介绍大学生自我评价的重要意义和对大学生成才发展的积极影响，以及传授自我评价的方法和注意事项等，让大学生了解自我评价的有关知识，掌握自我评价的方法等；教师可以通过辅导的方式帮助大学生解决自我评价中存在的问题，具体指服务于大学生自我评价活动的实际需求，学生哪里有困惑、哪里有疑问，就及时给予解答和辅导；教师也可以通过反馈的方式帮助大学生提升自我评价的效果，具体指反馈和评价大学生的成绩和不足，从而促进大学生全面、深刻地认识自己。

在学校因素对大学生自我评价能力的回归分析（详见表 3-26）中，教师辅导与反馈对大学生自我评价能力具有显著影响，具体表现在教师辅导与反馈可以影响大学生的自我评价意识、自我评价情感、自我评价知识与技能、自我认知能力、自我反思能力（详见表 3-27）。拥有了教师的辅导与反馈，大学生能够提升专业知识和技能水平，能够获得综合运用知识的能力，能够提高自主学习能力等。[1] 一定程度上可以认为，高校教师对大学生自我评价的跟踪指导不到位是导致大学生自我评价意识不足、自我评价知识与技能掌握不好这一现状的重要原因。

首先，如果教师对大学生自我评价工作没有足够重视，就难以对大学生加强自我评价的教育和引导工作。其次，教师没有跟进辅导或者辅导反馈不及时也会影响大学生自我评价的主动性，以及对自我评价知识与技能的掌握程度。当学生自我评价过程中取得了阶段性的成绩时，教师如果能够第一时间给予鼓励、表扬、认可，将会激励学生建立新的目标并付诸行动。如果学生的评价方法不当或者自我评价的主动性不强，同时教师没有及时跟进督导的话，学生会出现自我评价的误差或者自我评价活动停滞不前。最后，教师对于学生教育投入的情感，是大学生开

---

[1] 朱佳斌、李秋实、付宇卓：《工科毕业设计指导教师的作用及其对学习投入与学习成效的影响》，《高等工程教育研究》2021 年第 2 期，第 81~86 页。

展自我评价的动力支持。热爱才能尽情投入，大学生体会到老师的支持和关爱，会树立自尊和自信，提高自我评价情感。在一些高校的管理者和教师看来，大学生还是不成熟的"被教育者"，没有经历过人生的磨难，还没有形成正确可靠的价值观念，看待问题的观念和方式还比较幼稚，只有学校的管理者和教师才是事物价值和是非曲直的正确判断者。长久以来，大学生校园实际生活中教学活动的"一言堂"，管理工作的"命令式"和思想教育的"灌输法"的惯性思维模式，对大学生自我评价能力的发展和自我评价活动的开展十分不利。

三 高校对大学生自我评价同伴比较对象选择的引导微弱

在学校因素对大学生自我评价能力的回归分析（详见表 3-26）中，同伴比较对大学生自我评价能力具有显著影响，具体体现在同伴比较可以影响大学生自我评价情感、自我认知能力和自我调节能力（详见表 3-27）。恰当的同伴比较，可以提升大学生自我评价的正向积极情感，这使大学生能够积极面对差距和不足，会积极寻求自我调整和改变。同时，恰当的同伴比较也能够促进大学生在同伴比较中得到准确的自我评价。

根据美国社会心理学家费斯汀格提出的社会比较理论[1]，人们会优先倾向于用客观的标准来评价自己的观点或能力，但在实际评价过程中往往缺乏相应的客观标准，为了方便进行自我评价，人们便会把他人选为比较对象，通过自己与他人的对较，获得对自我的态度、能力等的认识进而获得信息，进行自我评价。这种把自己的状况与他人对比、比较的过程，就称为社会比较。根据比较对象与自己的水平差异程度，可以将社会比较划分为上行比较、下行比较和平行比较。上行比较是将自己和在某种特点或能力上比自己出色的人进行比较，通过上行社会比较，

---

[1] 林崇德、杨治良、黄希庭主编《心理学大辞典》，上海教育出版社，2003，第 1056 页。

可以寻找自己与他人的差距，能够增强个体的成就动机，激发自我发展的动力，具有满足自我改善需要的功能；与跟自己在特点或者能力上相似的人进行比较被称为平行比较，平行比较的前提是双方具有相似性，平行比较的目的是通过比较来获得真实且有效的信息；与在特点或者能力上比自己差的人进行比较被称为下行比较，下行比较往往能够让个体获得自我保护和自我满足，虽然往往能够获得自尊和自信，但也容易骄傲和自满。

大学生生活在群体之中，同伴的思维方式、行为习惯等都会无形之中对大学生产生直接或间接的影响。选择合适的同伴作为比较对象对提升大学生自我评价的情感具有积极作用。习惯选择上行比较的大学生，会将自己与优秀的同伴相比较，他们能够获得更多正向的积极能量，优秀的同伴能够成为大学生努力追逐的目标，激励大学生提升自我，发展自我。习惯选择下行比较的大学生，会将自己与比自己能力差的同伴相比较，得出别人都不如自己的评价结论，盲目乐观、过度自我欣赏与自以为是，容易产生自负感，产生傲娇情绪，且自命清高，他们往往高估自己的能力，导致自我评价偏高，从而造成行动力不足。所以自我评价的比较对象即"参照物"的选择尤为重要。因而，大学生应该如何选择同伴比较对象，就需要高校教师加强教育和引导。

第二节　家庭缺少对大学生自我评价能力培养的积极助力

父母是大学生的第一任老师，父母的价值观、人生观以及教养态度、教养方式等直接影响孩子的个性形成和发展。大学生是具有独立自我意识的个体，父母是大学生成长过程中的陪伴者、支持者和助力者。在家庭因素对大学生自我评价能力的回归分析（详见表3-30）中，父母教养方式和亲子关系可以正向预测大学生自我评价情感。也就是说，恰当的父母教养方式与良好的亲子关系，可以提高大学生自我评价的积极情感。

因此，有必要深入分析大学生自我评价能力培养中，部分家庭存在的如亲子关系不和谐、父母采取不恰当的教养方式和父母不合理的教育期望这些问题的原因，为加强大学生自我评价能力培养提供方向。

一　家庭维系和谐亲子关系的措施匮乏

亲子关系、师生关系和同伴关系是青少年的三大社会关系。亲子关系是指父母与其子女之间的关系，亲子关系作为一种社会关系，是影响青少年身心健康的主要因素。[①] 亲子关系是维护子女积极情感最有力的支撑。如果家庭关系融洽、亲子关系亲厚，那么孩子在爱的环境中会产生被爱、被需要的感觉，他们就会感受到自身是有价值的，这样的孩子可以获得自尊和自爱的积极情感，便能够积极、全面而深刻地开展自我评价，而且也能够客观、理性地看待自己的差距和不足。

家庭是亲子关系塑造的主要社会化场所，对亲子关系起重要作用的是父母教养方式。[②] 父母以积极的方式教养孩子，那么获得的是融洽的亲子关系；父母以消极的方式教养孩子，那么获得的是不融洽的亲子关系。具体而言，父母能给予子女肯定与赞扬的家庭环境下，学生大多自我价值感水平较高，他们能够建立良好的自信心，能够对自己进行恰当正确的评价。[③] 而且，平等、尊重和信任的家庭环境中，父母注重与子女的沟通和交流，他们善于倾听孩子的想法，并尊重孩子的想法。这样的家庭中亲子关系和谐，孩子能够体会到被尊重和理解，能够树立自信，他们往往愿意与父母坦诚相待，沟通顺畅。孩子可以在与父母的沟通当中，获得父母的评价和反馈，这有利于孩子全面、深刻地认识自己。相

---

① 朱倩倩、周青山：《优化亲子关系促进学生健康成长》，《当代教育理论与实践》2016 年第 6 期，第 14~16 页。

② 郭秋娟：《亲子关系与家庭教养方式的社会学研究》，《牡丹江教育学院学报》2017 年第 4 期，第 30~32 页。

③ 展爱军：《中学生亲子关系与自我评价能力提升》，《中学课程辅导》2020 年第 7 期，第 101 页。

反，有些父母习惯责骂孩子，孩子有一点错误，他们便揪住不放，大肆批评教育。而且，不论孩子怎么努力，永远得不到家长的赞赏和鼓励。这样的家庭中亲子关系紧张，孩子往往负面情绪较多，更多的表现为自卑和自负，他们善于做负性归因，往往认为自己不如别人，更多地关注自己的缺点而忽略了自己的优点，或者过分夸大自己的优点，认为别人都不如自己，不能一分为二地正确评价自己。而且，这些孩子不信任家长，不愿意敞开心扉，甚至沟通不畅，进而导致他们失去在家长那里得到评价的机会。

一个孩子培养得好与不好，不是单纯的动机和目标的问题，而是方式和方法的问题。家长和家长的差别，不是身份、地位或文化程度的差别，而是教育理念决定的手段的差别。亲子关系和谐的家庭中，父母往往善于思考教育孩子正确的方式方法，善于了解孩子的成长特点和个性特征，他们能够理解和尊重孩子，而且注重与孩子的沟通和交流，他们是孩子的倾听者、陪伴者，也是孩子的鼓励者和支持者。而亲子关系紧张的家庭中，父母往往没有同理心，他们对子女缺乏尊重和理解，对待孩子教条、专制，与子女缺乏沟通，或者沟通不畅。这样的家长往往也缺乏表率作用，他们不注重自我学习，不懂得正确的教育方法，只是一味地要求孩子，势必与孩子的心灵距离拉大，直至导致亲子关系紧张。

二 家庭采取教养方式的模式失衡

所谓父母的教养方式，是指父母在教育与抚养子女的过程中习惯使用的方式方法和稳定的行为风格。[①] 父母的教养方式可以分为情感温暖与理解型、过度保护型、过分干涉型、惩罚与严厉型和拒绝与否认型五种类型，[②]

---

① 符丽芳主编《学校心理健康教育简明教程》，陕西科学技术出版社，2018，第71页。
② 李燕燕、桑标：《母亲教养方式与儿童心理理论发展的关系》，《中国心理卫生杂志》2006年第1期，第5~9页。

可以分为放纵型、溺爱型、专制型和民主型四种类型，也可以分为极端型、严厉型、溺爱型、成就压力型和积极型五种类型①。我国学者岳冬梅将父母教养方式分为积极方向的教养方式和消极方向的教养方式，积极方向教养方式包括情感温暖与理解型和溺爱型；消极方向的教养方式包括惩罚与严厉型、过度干涉型、拒绝与否认型和过度保护型。② 父母采取教养方式不同，会对子女产生不同的教育效果，也会对自我评价能力培养产生不同的影响。

父母的教养方式可以影响大学生的社会交往能力，进而影响他们的社会适应性；父母的教养方式还可以影响大学生的自尊。③ 总体来说，父母良好教养方式下的大学生，能够被父母的情感温暖，能够体会到被爱和被尊重，能够认识到自己是有用和有价值的人；而且，他们获得的是鼓励、理解和支持。这样的大学生倾向用积极的情感评价自我，他们具有较高的自尊、自信和自我效能感。在自我评价过程中，当面对自己的不足、差距和缺点时，他们能够客观公正地看待自己的问题，有信心且乐观地调节自己。父母不良教养方式下的大学生，他们接受到的是父母给予的消极方向的教养方式，如惩罚与严厉、拒绝与否认方式。这样的大学生倾向于用消极的情感评价自我，具有较低的自尊、自信与自我效能感。在自我评价过程中，会放大自己的不足、差距与缺点，容易忽视自己的优点与长处，不能对自己进行客观公正的评价。

大学生自我评价能力影响因素的调查结果显示：有46%的大学生无论自己多么努力，总是得不到父母的赞赏或表扬，父母总是指出他们的不足；还有超过62%的大学生表示当自己做错事情的时候，曾经遭遇过父母的批评、指责，甚至会遭到父母的惩罚。这是典型的拒绝与否认型的父母

① 徐慧、张建新、张梅玲：《家庭教养方式对儿童社会化发展影响的研究综述》，《心理科学》2008年第4期，第940~943页。
② 乐国安、李文姣、王雪松：《亲子关系对自尊的影响：一项基于贫困大学生的研究》，《应用心理学》2011年第1期，第3~9页。
③ 申艳婷：《父母教养方式与自尊视域下大学生社交焦虑探究》，《社会科学家》2018年第12期，第157~160页。

教养方式。从中可以看出，这些父母对大学生抱有很高的期望，他们往往不能容忍自己的孩子犯一点错误，对于孩子的每一点进步他们也吝惜表扬和赞美。长此以往，大学生会产生悲观情绪，遇到问题时退缩和逃避，缺乏解决问题的信心与勇气。还有的大学生做错事情的时候，父母会批评、指责，甚至惩罚他们，这属于惩罚与严厉型的父母教养方式。这种教养方式下的大学生，体会不到父母的关爱、理解和尊重，他们也会呈现低自尊低自信状态。这些不良的教养方式都会影响大学生自我评价情感的培养。

在父母的过度教养方式下，家长干预和限制了青少年独立做事的自由，影响了他们的自主性。① 大学生自我评价能力影响因素的调查结果显示：有些大学生表示，父母能够尊重他们的想法和决定，他们也能够感受到父母的支持与信任；但仍有 37% 的大学生的父母，总是试图改变孩子的想法和初衷，父母总是让他们按照父母的想法做选择和改变，这就属于专制型教养方式。这种教养方式下，家庭之中是以父母为中心，父母是权威，父母过分干涉和包办，甚至控制大学生的自由和自主权。父母只从自己的主观意志出发，希望子女完全按照提前规划的路线去成长，对子女的一举一动都加以监督。在这种教养方式下成长的大学生比较被动、顺从，长期被父母打压，一切都要在父母的掌控之下按照父母的意愿行事，自己慢慢也失去了主动性，表现出过度依赖父母，缺乏自信心，自我调节能力差。同样地，溺爱型教养方式的家庭中，完全以孩子的意愿为中心，父母对孩子没有任何要求，而且父母对于孩子的要求有求必应。在这种家庭环境中，孩子受到过度保护、偏袒、娇惯，甚至是纵容，这容易助长孩子的自私和依赖心理。② 长此以往，这样的家庭养育的孩子没有生活或者学习的目标，或者即使有目标，往往是"纸上谈兵"缺乏行动力，容易表现出自我调节能力差。

---

① 杜宜展、付鑫：《亲子关系中的过度教养探析》，《教育导刊》2021 年第 1 期，第 75~80 页。
② 龚艺华：《四种不同类型父母教养方式对个体成就动机水平的影响》，《中国临床康复》2006 年第 46 期，第 50~52 页。

三 家庭教育期望的评价偏颇

"望子成龙""望女成凤"是家庭教育期望心理基础，也是每个父母对孩子普遍的期望。实证分析结果表明，家庭教育期望会负向预测大学生自我评价能力，这与相关研究的结果一致。[1][2] 家庭教育期望的评价偏颇是影响大学生自我评价能力特别是自我评价情感的重要因素。

首先，不合理的教育期望会给学生成长造成心理压力。父母从自身过往的生活经历中意识到子女只有成为优秀的人才能够在这个充满竞争的社会中为自己争取一份光明的前途，同时父母也会希望孩子能够实现自己未曾实现的理想，从而对孩子提出过高的教育期望。尤其是家庭经济条件拮据的大学生，父母节衣缩食，把全部的希望寄托在子女身上。合理的家庭教育期望可以成为大学生勤奋学习的动力，促进大学生自我评价能力的提升；相反，过高的家庭教育期望则会适得其反，给孩子造成极大的心理压力，引发孩子的紧张情绪，导致孩子放弃努力停滞不前。

其次，过高的教育期望会影响大学生的自信心，降低自我评价的情感。父母基于自身的期望会提出不合理的学习目标，这会造成父母期望高于学生的实际能力。孩子在追求父母设定的目标的过程中，因不能达到目标而产生一次次的挫败感，从而降低孩子的自信心，产生严重的自我怀疑，不能对自己的能力和素质进行客观的评价，进而导致孩子的自我评价能力降低。同时，家庭教育期望中的班级同辈群体横向比较也会进一步加深学生对自我能力的怀疑。[3] 同学之间会相互比较，父母之间也会相互比较，"别人家的孩子"无疑会加深学生的不自信，进一步影

① 李佳丽、胡咏梅：《"望子成龙"何以实现？——基于父母与子女教育期望异同的分析》，《社会学研究》2021年第3期，第204~224、230页。
② 成刚、杜思慧、余倩：《"望子成龙"有效吗？——基于亲子教育期望偏差对学业成绩的影响研究》，《华东师范大学学报》（教育科学版）2022年第1期，第74~87页。
③ 曹蕊、吴愈晓：《班级同辈群体与青少年教育期望：社会遵从与社会比较效应》，《青年研究》2019年第5期，第25~33、94~95页。

响学生的自我评价能力。

最后，家庭背景与教育期望的不匹配也影响学生自我评价能力的培养。家庭教育期望转变为现实学生的发展是一个多要素共同作用的过程，家庭背景因素制约着教育期望的实现。相关研究也表明，家庭经济条件、父母文化资本、教育价值观、可获取的教育资源等家庭背景都是教育期望实现的重要影响因素。[1][2] 虽然父母"望子成龙""望女成凤"，但是如果父母自身不具备支持教育期望实现的背景，如自身的知识能力无法为学生提供成长支持、教育支出受限、发展理念滞后等，那么这些都会导致学生在家庭教育期望与自我成长方面产生困惑。学生会将这种影响和落差归因于自己的能力问题，导致学生降低自我效能感，自我低评价或者负性评价，影响自我评价能力的发展。

第三节　社会缺少对大学生自我评价能力培养的鼎力支持

社会支持可以为大学生提供情感上的、信息上的，或者工具性的资源与支援。社会支持从形式的视角可以分为正式支持和非正式支持：正式支持是指来自公共部门的制度性支持；非正式支持是指由社会组织或个人提供的非制度性支持。[3] 教育主管部门的制度支持、企事业单位的资源支持和合理的他人评价，作为社会支持的不同表现形式，对大学生自我评价能力培养产生不同的影响。

一　教育主管部门对大学生自我评价能力培养的制度缺失

目前，我国高校主要参照国家颁布的《大学生行为准则》《普通高

① 靳振忠、严斌剑、王亮：《家庭背景、学校质量与子女教育期望——基于中国教育追踪调查的分析》，《教育研究》2019年第12期，第107~121页。
② 余秀兰：《父母社会背景、教育价值观及其教育期望》，《南京师大学报》（社会科学版）2020年第4期，第62~74页。
③ 刘慧君、蔡艳芝、班理：《女性高等教育社会支持机制的可持续性分析与模拟》，《妇女研究论丛》2007年第3期，第18~22页。

等学校学生管理规定》等对学生德、智、体等方面进行综合评价，并将评价结果作为大学生评定奖助学金、保研和推荐就业的依据。这种学生评价是以分数赋值的形式对大学生采取定量评价，反馈的是评价结果，而评价过程中大学生的发展是动态的，是无法用量化来评价的。① 此外，社会上一些非公立性质的社会机构，为了博得大众眼球，设定一些量化评分指标，包括科研项目、发表论文与被引用率、生师比、毕业生的薪资收入等对高校进行排名，这种充满着"五唯"成分的排名，往往受到社会各类新闻媒体、学校、家长和学生的热捧，这无疑影响部分高校对学生评价指标的设定。②

中共中央、国务院印发的《深化新时代教育评价改革总体方案》（下文简称《总体方案》)在 2020 年 10 月颁布，方案指出要强化过程评价，改进结果评价，探索学生参与评价的有效方式，为高校教育评价工作指明了方向。③ "学生参与评价"是教育制度改革的新亮点，凸显出高等教育改革要向注重大学生的个性和主体性的方向发展。《总体方案》强调，"要改革学生评价，促进德智体美劳全面发展。要坚决改变用分数给学生贴标签的做法，创新德智体美劳过程性评价方法，完善综合素质评价体系"，而且明确提出"党政机关、事业单位、国有企业要带头扭转'唯名校''唯学历'的用人导向，建立以品德和能力为导向，以岗位需求为目标的人才使用机制"。传统的学生评价以考试成绩为标准，注重结果性评价，而《总体方案》"强化过程评价，改进结果评价"，认为"增值评价"非常有意义。《总体方案》作为纲领性的教育评价方案，是高等教育评价改革的根本参照标准，也为高校开展学生评价指明了方向。

---

① 陈涛：《全面与个性化协同发展观下的大学生评价体系探析》，《学校党建与思想教育》2013年第 19 期，第 14~15 页。

② 王义遒：《落实教育评价改革与发展素质教育要并驾齐驱》，《中国大学教学》2021 年第 Z1期，第 12~16 页。

③ 中共中央 国务院印发《深化新时代教育评价改革总体方案》，http://www.gov.cn/gongbao/content/2020/content_5554488.htm？share_token=eb309880-9fce-486e-993a-150e1c8049c3。

然而，实施过程中针对一些具体问题，如大学生自我评价应该如何开展、大学生自我评价的标准如何确定、大学生自我评价的结果如何评价等，尚缺乏纲领性的文件和具体的要求。在实证调查中，我们也了解到大部分高校没有建立大学生自我评价制度，即使建立了大学生自我评价制度也没有纲领性的文件为指导，这必然会对大学生自我评价的成效产生不利影响。由此可见，教育主管部门建立具体、完善的评价制度迫在眉睫。

此外，习近平总书记在全国教育大会上指出："扭转不科学的教育评价导向，坚决克服唯分数、唯升学、唯文凭、唯论文、唯帽子的顽瘴痼疾，从根本上解决教育评价指挥棒问题。"有学者研究指出："'五唯'的根源不在于高校本身，因此'五唯'评价改革的主要对象也不是高校，政策对象恰恰是教育行政部门自身。"[①] 同样，建立大学生自我评价制度的主体也应该是教育主管部门。因此，学生评价的具体指标体系，尤其是大学生自我评价的指标体系仍需要教育主管部门来制定。要打破传统的教育评价给学生自我评价造成的依他性，需要教育主管部门建立完善的大学生自我评价制度，以制度保障和规范大学生自我评价活动的实施。让大学生自我评价制度成为推动教育评价改革，并促进人才培养高质量发展的有效措施，充分调动起大学生自我评价的主动性和积极性。

二 企事业单位对大学生自我评价能力培养的实施方案短缺

社会实践作为大学生理论学习的补充，是大学生深入社会、了解社会与认识社会的窗口，是高校培养人才的重要环节，对提升大学生的知识应用能力、适应能力、发现问题与解决问题的能力，以及培养吃苦耐劳、坚韧不拔的优良品质具有积极作用。社会实践可以分为参与性实践、服务性实践、感悟性实践和试验性实践。[②] 大学生的参与性实践主要是

---

① 陈晓娟、任增元：《高等教育评价：超越"五唯"的价值意蕴与体制支撑》，《大学教育科学》2020 年第 6 期，第 9~12 页。

② 王健：《综合实践活动建构与行动》，广东高等教育出版社，2017，第 77 页。

指学校安排的教学实践和专业实习，是课堂教学的重要组成部分和巩固理论学习效果的重要环节；服务性实践是指大学生参加的校内外志愿者活动、环保活动等；感悟性实践是指大学生对社会关注的焦点问题的调查或与专业相关的实践调研和人物专访等；试验性实践是指关于节电、节水、节能等的发明创作。

其中，参与性实践与服务性实践是大学生普遍采取的社会实践方式。通过参与性实践，大学生获得理论联系实践的机会，在实践中检验专业理论知识的学习成果，这是认识自己学习效果的途径。麦可思调查显示，我国近70%的大学本科毕业生从事与所学专业相关的工作。参加参与性实践，不仅可以帮助大学生加深对社会的认识，而且可以帮助大学生增进对自己的性格、兴趣、技能等方面的了解，帮助大学生开展职业生涯发展规划。通过参与服务性实践，大学生不仅可以培养吃苦耐劳的精神和自身的社会责任感，也可以彰显大学生服务社会、奉献社会的优秀品质。习近平总书记曾指出，"高校学生支教、送知识下乡、志愿行动等活动，都展现了学生的风貌和服务社会、报效祖国的情怀。许多学生正是在这样的社会实践和社会活动中树立了对人民的感情、对社会的责任、对国家的忠诚"①。

在社会因素对大学生自我评价能力的回归分析（详见表3-32）中，社会实践可以影响大学生自我评价能力，具体表现在社会实践影响大学生自我评价情感、自我认知能力、自我反思能力、自我调节能力（详见表3-33）。大学生不断地在社会实践中认识自我、把握自我和发展自我。参与专业社会实习，大学生可以检验并认识自己的专业理论学习效果和专业技能水平，认识"我能做什么""我会做什么"，以及"我适合做什么"的现实自我，也可以进一步认识"我要成为什么样的人""我要做什么"的理想自我；志愿服务性社会实践活动，可以提高大学生的优秀

---

① 《习近平首次点评"95后"大学生》，《人民日报》2017年1月3日。

品质，帮助大学生树立正确的人生观和价值观，培养大学生的社会责任感。大学生的自我认识是否准确、客观，在社会实践中可以得到检验，而且社会实践可以提高大学生的思想认识和价值观水平，促进自我的健康发展，这些都可以培养大学生自我评价能力。如果社会实践参与不足，大学生缺少在实践中检验和认识自己的机会，将导致大学生难以全面认识和了解自己，会影响大学生的自我评价。

三　他人评价对大学生自我评价能力培养的有效指引乏力

在大学生进行自我评价的过程中，他人评价就像是一面镜子，可以帮助大学生看到他人眼中的自己是什么样的，从而帮助大学生形成综合性的合理评价。相比于个人的自我评价，社会环境中的他人评价具有更强的客观性。这就意味着，如果自我评价与他人评价的结果具有较大的相似性，则说明个体的自我认识能力发展较为成熟；如果自我评价与他人评价的结果相差较大，则说明个体的自我认识能力发展并不成熟，还需要进一步培养。对待与自我评价存在较大差异的他人评价，要保持认知上的完整性，不能用个人的偏好决定听取哪一方面的评价或不听取哪一方面的评价，而是应该采取兼听的态度，进行综合分析后，对自我做出客观理智的评价；同时，也要辩证地看待他人的负面评价，只有这样才能真实、全面地认识自己。

大学生受高等教育和家庭教育的影响较大，学习、生活中每天和同伴在一起，而且教师对学生采用学习成绩为主的评价方式，削弱了大学生自我评价的主动性，因此大学生的自我评价受他人评价影响较大，尤其是对自己有较大影响的、关系较为亲密的人的评价，如老师、同学和父母兄长等。

过分依赖他人评价是指大学生忽视自我评价，被动地接受他人评价，甚至完全依赖他人评价。大学生如果过分依赖他人评价，就会更多地采用别人对自己的评价来认识自己，而且评价标准是他人心中的标准，而非自我评价标准，这样就违背了自我评价的初衷，自我评价没有体现大学生自我的内在需求。忽视他人的评价也是不可取的，因为他人评价为大学生提供了更为客观的视角，帮助大学生发现自己所不了解而他人了解的盲目的自我，帮助大学生更加全面、客观地认识自己。需要注意的是，如果过分在意他人的评价，过分追求他人对自己的好评，是对自我社会生存状态的完美主义表现，是一种强求，长此以往也会失去自主性。而且，过分在意他人的评价往往是内心不自信的表现，影响自我评价的真实性。此外，他人评价是否客观、公正、准确，也是影响大学生自我评价效果的重要因素。如果他人评价有失公正、片面性较强，势必会影响大学生的自我判断和自我评价。因而，恰当合理的他人评价对大学生自我评价能力的培养至关重要。

第四节　大学生自我评价能力发展的主体作用发挥不足

在事物的发展变化中，内因和外因是相互影响、相互作用的，其中内因是事物发展变化的根本动力，在事物发展变化中起着决定性作用。学校因素、家庭因素和社会因素作为外界客观影响因素，在大学生自我评价能力培养中发挥着重要的作用。然而，作为自我评价能力培养的主体，大学生的自我发展需求和自我发展水平在大学生自我评价能力发展中起着决定性作用。调查结果显示，当前部分大学生存在自我评价能力发展的主观思想意识欠佳、自我评价能力发展的主体行动力不强、人际关系不融洽和自信心不足的根本问题。因此，有必要深入分析其产生的原因，为促进大学生自我评价能力的发展提供根本遵循。

一　大学生自我评价能力发展的主观思想意识欠佳

大学生自我评价能力现状调查显示，部分大学生自我评价意识不强，表现在他们开展自我评价的积极性和主动性不强。"意识是人脑对客观事物的反映"，大学生只有真正认识到自我评价的目的和意义，认识到自我评价对于自身发展的积极影响，才会积极、主动地开展自我评价。如果被动地接受他人评价，或者仅仅将自我评价作为学校或者老师对自己的一项要求，而不是作为自我发展的需求，势必导致大学生消极对待自我评价，从而影响大学生自我评价能力的发展。

此外，在大学生思想政治品德与心理发展的关键阶段，价值观是决定大学生能否朝着健康良性方向发展的关键。有什么样的价值观就会构建什么样的价值标准，有什么样的价值标准就会产生什么样的价值选择。在自我评价活动中，大学生要将外在的社会要求与内在的价值尺度相整合，内化为大学生自我需求的那部分价值标准就成为大学生自我评价的标准，其中起决定性作用的就是大学生的价值观。

有学者对北京地区在校大学生社会主义核心价值观践行状况开展调查研究，发现大学生肯定了学校对社会主义核心价值观的宣传教育工作，但是关注程度最高的是个人层面的价值观，大学生非常关注个人未来的职业发展和个人的情感体验。[1] 有些大学生表现出：在空间向度上注重个人价值忽视集体价值，在时间向度上注重眼前价值忽视长远价值，在内容向度上注重经济价值和科学价值忽视人文价值和精神价值。[2] 在个体因素对大学生自我评价能力的回归分析（详见表3-35）中，价值观对大学生自我评价能力具有正向的预测作用。而且高得分组大学生的价值观对自我评价能力起到正向预测作用，低得分组大学生的价值观对自我评价能力起到负向预测作用。说明较成熟的价值观可以促进大学生自我评价能力的发展，不成熟的价值观则阻碍了大学生自我评价能力的发展。具体来看（详见表3-36），价值观可以影响大学生自我评价情感和自我调节能力。

---

① 李爽、金玲玲、王婷等：《社会主义核心价值观融入高校教育教学全过程现状评价研究》，《学校党建与思想政治教育》2019年第4期，第60~62页。

② 江传月、郑永廷：《论个体价值取向的分裂、冲突与整合》，《深圳大学学报》（人文社会科学版）2012年第4期，第86~90页。

首先，从大学生群体的专属特征来看，与社会其他成员相比，大学生人生背景简单、人生阅历单纯、生活区域较窄，主要通过父母与老师的教导、阅读书籍等获得间接的社会经验，缺乏社会实践，直接的社会经验不足。这一时期，大学生的价值观还没有达到稳定的状态，虽然已经形成了一些自我认知，但往往较为模糊，而且自我认知不稳定，往往会因为一些外部冲击而产生自我怀疑，进而陷入一种自相矛盾的状态之中。

其次，当代大学生享受着经济全球化和社会多元化发展的红利的同时，也处于各种文化交织与碰撞的复杂环境中，时刻接受着来自外来文化的冲击。同时，网络的高速发展迅速地改变着人们的生活。铺天盖地的海量信息、迅速便捷的信息传输与处理，为大学生的学习和生活带来了诸多方便的同时，也无形之中影响着大学生的自身行为、思想和价值观念。如果对这些文化不加以选择全盘接受，不可避免地会遭到功利主义、个人主义、享乐主义的价值观的侵袭。有的大学生注重眼前的利益、急功近利，无法脚踏实地；有的大学生追求物质享受、拜金主义思想严重；还有的"佛系青年"没有目标，感到大学生活很迷茫，甚至"游戏"人生，荒废度日。

最后，有的大学生因为过分强调自我的个性发展，也容易出现价值观偏颇。对于世界观、人生观和价值观发展得还不够成熟的大学生，他们对于价值选择还缺乏理性的思考和判断，加上受"一考定终身"的高考制度的束缚，他们更加迫切地渴望自主选择和自由发展。这样的大学生容易错误地将"任性、任意当成自由"[1]，认为自由可以"随意而为"甚至"为所欲为"。有的大学生崇尚自由、追求个人主义，逐渐成为"精致的利己主义者"。这种以"个人价值"为中心开展自我评价的大学生，以"自我为中心"的倾向明显，他们追求独立和个性化的主体需

---

[1] 杨之毛：《大学生社会责任感教育中的误区及对策》，《学校党建与思想教育》2011年第11期，第57~59页。

求。这部分大学生的自我评价容易关注个体价值而忽视社会价值，他们面对利益关系的价值选择时更倾向从理性上追求"功利""务实"，进行自我评价的范围偏重自我的需求而缺乏全面性。

二 大学生自我评价能力发展的主体行动力不强

自我评价意识是大学生自我评价能力发展的动力器，自我评价意识强的大学生，自我评价的积极性和主动性就强，他们能够自觉、自发地开展自我评价。然而，部分大学生自我评价能力发展的行动力不强，有的表现在没有养成自我反思的习惯，有的表现在缺乏具体的、恰当的行动目标，有的表现在自我控制能力相对较差。

首先，部分大学生没有养成自我反思的习惯。自我反思是大学生自我评价能力发展的助推器，大学生通过自我反思，可以找到自我发展水平与自我评价标准之间的差距。可以说，自我反思是找寻现实自我与理想自我之间矛盾，或者说是找寻现实自我与理想自我之间差距的过程。实际上，有的大学生往往以自我为中心，面对一件事情的失败不善于在自己身上找原因，总是习惯于将问题或者错误归结到他人身上，这样的大学生便不善于自我反思，更缺乏自我反思的习惯。

其次，部分大学生缺乏明确的自我发展目标。大学生自我评价能力现状调查结果显示，部分大学生在思想、意愿、行为和人格特点方面缺乏准确的自我认知，尤其是对于职业意愿、生活意愿方面缺乏准确的自我认知，也有部分大学生抵御外界诱惑的能力不强，缺乏为了长远的目标坚持不懈的决心和动力。究其原因，这些大学生主要是缺乏明确的目标和规划。目标具有激励作用，目标能把人的需要转化为动机，使人们朝着一定的方向努力，并将自己的行为结果与既定的目标相对照，及时进行调整和修正，从而能实现目标。那些设置目标的人，比没有设置目标的人工作上要出色得多。而且，目标越明确越具体，个人的努力程度越高，抵御外界诱惑的能力也越强。

最后，部分大学生自我控制能力相对较差。自我控制能力是指个体按照社会标准或者自己的意愿，对自己的认知活动、情绪和行为等进行约束和管理的能力。[①] 自我控制能力主要表现在对情绪的自控能力和对由情绪引起的行为的自控能力。自我控制能力强的大学生即使面对社会的种种外在诱惑，或者自己的种种内心欲望，也能够根据社会情境和制定的行为计划抑制冲动、抵制诱惑，坚持不懈地保证目标的实现。[②] 随着世界观、人生观和价值观的逐步形成，大学生的理想已经基本确定。坚定的理想，能够促使大学生抵制外界诱惑，行动上开始统一并自觉地遵从理想。例如，有的大学生一旦明确了考研的目标，就会对自己的学习计划、生活习惯等进行调整，以服务于考研目标的达成。可以说，方向越明确，目标越清晰越坚定，自我控制能力则越强。自我控制能力强的大学生能够自觉抵制外界如打游戏、聚餐派对、逛街等娱乐休闲方面的诱惑，专心备考；自我控制能力较差的大学生则难以抵御这些诱惑，从而影响了积极备考。此外，大学生正值血气方刚的年纪，难免冲动行事，自我控制能力强的大学生面对同学之间的冲突，能够遵守国家法纪和校规校纪的要求，控制好自己的情绪和情感，不冲动行事，遇事会采取理性解决问题的方法；而自我控制能力差的学生，往往出现言语和行动上过激的表现，甚至大打出手，难以控制自己的情绪和行为。

三 人际关系不融洽导致大学生不能突破自我认知的盲区

人际关系指人与人在相互交往过程中形成的心理关系，它是人类社会关系的重要组成部分。[③] 美国卡内基梅隆大学曾经通过对 10000 人的个案记录进行全面分析发现，在决定一个人成功的影响因素中，良好的

---

① 吴云龙、毛小霞、田录梅：《亲子关系与青少年冒险行为的关系：自控力的中介作用》，《中国临床心理学杂志》2017 年第 2 期，第 367~370 页。
② 宋宝萍：《大学生积极心理健康教育——理论与实践（第 2 版）》，西安电子科技大学出版社，2019，第 157 页。
③ 王建强：《血型人格》，北京理工大学出版社，2014，第 50 页。

人际关系占 85%，而其他如"智慧""专门技术""经验"等仅占15%[1]。人际关系可以影响个体的心理健康、适应社会和自我的健康发展。个体从人际关系中获得信息反馈，并依此进行社会比较，回答"我是谁"的问题，从而确立自我概念。人际关系在个体的自我概念发展中起着核心作用，人际关系可以影响个体对自我的觉知和评价。[2]

在个体因素对大学生自我评价能力的回归分析（详见表3-35）中，人际关系对大学生自我评价能力具有正向的预测作用。高得分组大学生人际关系对自我评价能力起到正向预测作用，低得分组大学生人际关系对自我评价能力起到负向预测作用。说明，融洽的人际关系可以促进大学生自我评价能力的发展，不融洽的人际关系则阻碍了大学生自我评价能力的发展。

"人际交往是指人与人之间在彼此交流、直接交往中已经形成的关系，即通常所说的人际关系。"[3] 在人际交往中，个体可以通过他人对自己的认识来提高自我认识，我们往往会在他人眼中认识以前没有认识到的自我。乔韩窗口理论关于自我认知的四个窗口中，"他知己不知"就是他人知道而我不知道的那部分内容，被称为"盲目的我"，这是自我中的盲点，也是自我认知的重点。自我认知的目的就是要减少"盲目的我"，扩大"公开的我"。要认识"盲目的我"需要在人际沟通和人际交往中实现。人际关系融洽的大学生乐观、自信，而且善于与他人沟通和交往，在沟通交流中，他人的反馈意见可以帮助大学生认识"盲目的我"，让大学生了解以前从未发现的自我。与他人沟通得越畅快，或者经常与他人沟通，那么大学生收到的反馈越多，他们就能够越全面地认识自己。如果人际关系不融洽，大学生独处的机会多，和他人沟通交流

---

[1] 郭赟程、鲁长芬：《高校体育教育与大学生健全人格的培养》，《中国高等教育》2019 年第Z2 期，第 67~69 页。

[2] 张荣伟、Wong Pual，T.P.、李丹：《人际关系和自我概念对生命意义的影响》，《心理科学》2020 年第 5 期，第 1154~1161 页。

[3] 韩延明主编《大学生心理健康教育》，华东师范大学出版社，2007，第 55 页。

得少，那么就失去了通过他人评价和反馈来全面认识自我的机会。而且人际关系不融洽的大学生，往往不自信，面对差距和不足往往没有勇气去改变自我。

四 自信心不足导致大学生自我评价出现偏差

从大学生自我评价能力现状调查结果可知，部分大学生具有较强的自尊但存在自信心不足的情况，表现出高自尊低自信的状态，而且低年级大学生的自信程度弱于高年级，女大学生的自信程度弱于男大学生，农村大学生自信程度弱于城市大学生。

自信是个体对自身能力、价值等方面能够做出正向的认知与评价的一种相对稳定的人格特征，它体现着个体对自己的积极肯定和确认程度。[①] 自信在大学生的心理发展中发挥着重要的作用。自信是大学生具有良好情感的一种表现方式，自信的大学生拥有积极的情感和开放的心态，往往表现出对自己和他人的较高的接纳程度，能够在交往中充分表达自己，保持良好的心态。自信的大学生也具有较强的自我效能感，即使面对失败也能够综合分析导致失败的原因，而不是将失败全部归咎于自己。缺乏自信心的大学生在生活和学习中缺乏自主性和主动性，遇事消极、退缩，而且不善与人沟通交往，容易错失在他人的评价和反馈中全面客观地认识和评价自己的机会。而且，自信心不足的大学生，容易产生自卑情绪，这样的大学生往往对自己的能力持怀疑或者否定的态度，过于关注自己的缺点而忽视自己的优点，容易导致自我评价偏低。大学生的自信心受大学生的经历、年级和性别等因素影响显著。

首先，学业成就影响大学生的自信心。有的大一新生，他们还没有完全适应大学的学习模式，职业目标也没有确定下来，他们虽然对大学生活充满期待但又表现出对未来的迷茫；而且由于没有经历过大学的学

---

① 黄希庭：《探究人格奥秘》，商务印书馆，2014，第150页。

业考试，他们的学习效果没有得到检验，因而难以把握自己的学习现状，难免因缺乏学业成就与学业自信而自信心不足。而高年级的大学生，他们经过大学几年的实践锻炼，对自己的学习成绩、综合素质、人际关系、职业目标等方面具有比较全面的认识和了解，因而自信心要高于低年级学生。

其次，大学生社会实践参与不够容易导致自信心不足。受"重理论轻实践"传统观念的影响，有的高校实践教学设置不足，存在理论教学学时多、实践学时少的情况，大学生所学的理论知识没有在实践中得到检验，并且缺乏以理论促实践能力的锻炼。即使有的高校教学设置中实践教学符合国家规定，但是校企合作机制建立得不完善，教学实践基地缺乏完善的实践教学体系和实践教学人员，尤其是理工科的实践单位，出于对设备维护和保养的考虑，也出于对大学生人身安全的顾虑，给大学生提供实践操作的机会有限，更甚者只是让大学生走马观花式地看着实践单位的工作人员做演示，最终会导致大学生的动手实践能力弱，对于自己胜任具体的岗位工作缺乏自信。

最后，有的女大学生尤其是农村非独生子女大学生，因受传统"重男轻女"思想的影响，存在自信心不足。在大学校园中，与男大学生相比，女大学生的就业相对较难，尤其是理工科女大学生。她们在就业时易遭受性别歧视，平等就业的权利易遭受剥夺，这些难免打击她们的自信。有些大学生出身农村贫困地区，与物质条件优越、视野开阔的城市大学生相比，往往心理落差较大，也会因此而感到自卑，缺乏自信。

第五章　加强大学生自我评价能力
培养的对策建议

通过调查大学生自我评价能力现状，从影响因素角度对大学生自我评价能力现状中存在的问题进行深入分析，能够为促进大学生自我评价能力培养提供思路与参考。一方面，需要立足于大学生的主体需求，突出大学生的主体地位，让大学生形成强烈的开展自我评价活动的自觉与意识；另一方面，需要从学校、家庭、社会和个体等多个角度着手，构建四位一体的思想政治教育体系，在学校、家庭、社会和个体的合力下，助推大学生自我评价能力的培养与个体发展。

第一节　铸牢大学生自我评价能力培养的阵地意识

良好的教育环境是重要的育人载体。对于大学生而言，高校营造出良好的大学生自我评价环境将有助于提升大学生开展自我评价活动的主体意识，教师对大学生自我评价的跟踪与辅导将有助于大学生掌握行之有效的自我评价方法，选择恰当的同伴作为比较对象能够促进大学生确定合理的自我评价标准，这些都将提升大学生自我评价的行动力，实现大学生自我评价能力的良性循环发展。

一　高校构建和完善大学生自我评价的评价体系

很多高校组织并开展了大学生自我评价活动，但成效不彰。究其原因，在于高校缺乏大学生自我评价的评价机制，传统的教育模式仍制约着大学生自我评价。基于此，建议高校要贯彻"以学生为本"的教育理念，为大学生开展自我评价创造良好的环境条件。要从完善大学生自我评价引导机制、建立大学生自我评价的考核和激励机制、丰富大学生自我评价方法等方面着手为大学生营造良好的自我评价氛围，为大学生自我评价能力的提升和自我评价活动的开展提供环境保障。

首先，完善大学生自我评价引导机制。高校要将大学生自我评价工作渗透到大学生培养的各个环节中：在大学生的学习成绩考核环节增设大学生自我评价的分值项目，改变以学习成绩评价为主的单一性评价模式；在课堂中设置大学生自我评价的环节，营造大学生自我评价的课堂氛围；充分利用大学生参与第二课堂、社团活动和学术交流活动等有利条件，为大学生提供多方面进行自我评价的机会和条件。在思政工作、课堂学习和课外活动中，允许大学生对各种活动的内容构成、组织方式和实现路径等发表意见，鼓励他们对自己在这些活动中的参与状况、实际表现和具体收获等进行评价，引导他们通过自我评价形成积极的自我反馈，帮助他们在自我反馈中感受因自己的努力而带来的喜悦和激励，看到自己需要改进和努力的方向。大学生通过客观积极的自我评价不断提高自己的内在修养，通过对理想自我、现实自我的分析对比，进一步完善自我观念，获得完善自我、超越自我的实践能力。同时，还需要引导学生参与教学活动的互评工作，在开展对任课教师和其他同学的评价互动中，提升评价意识与评价能力。

其次，建立大学生自我评价的评价、考核和激励制度。高校要建立大学生自我评价的评价制度，建立大学生自我评价的评价指标体系。高校要重视大学生自我评价能力培养在大学生自我教育中的重要作用，要将大学生自我评价能力的培养纳入学校的人才培养目标，要结合学校的人才培养目标和学生的个人发展特点，制定切实有效的自我评价指标体系。高校还要建立大学生自我评价的考核机制，可以将大学生自我评价考核纳入大学生综合素质考核体系，并定期总结与评比，对自我评价较好的学生给予适当奖励。还要经常性地以经验交流等方式宣传推广大学生自我评价结果，来强化自我评价效果。帮助大学生逐步摆脱对他人评价的依赖，让没有开展自我评价活动的大学生能够行动起来开展自我评价，让自我评价活动开展得不足的学生能够更好地开展自我评价，以此提升大学生自我评价的主动性，促进自我评价能力的发展。

最后，丰富大学生自我评价的方法，帮助大学生建立科学合理的自我评价标准。高校要建立科学、完善的大学生自我评价指导手册或者成长档案袋等，让自我评价指导手册成为大学生自我评价的价值遵循和行为指导。同时，要指导大学生紧密围绕高校的人才培养目标，充分把握新时代对大学生的迫切要求，建立科学、合理的自我评价标准。大学生自我评价指导手册要坚持"以学生为本"的教育理念，立足大学生的实际情况，充分反映大学生的价值和心理需求，不能让自我评价流于形式。大学生自我评价不是为了评价而评价，要把握"大学生自我评价是为了学生的自我发展"的思想，让自我评价真正成为大学生成才发展的行动指南和根本保障。

二　高校教师深入开展对大学生自我评价的系统指导

教师在大学生自我评价活动开展与自我评价能力培养的过程中发挥着重要的引导作用。高校教师应该在尊重大学生自我评价主体地位的前提下，发挥对大学生自我评价的示范和指导作用，加强对大学生自我评价的教育与引导、辅导与反馈，对学生因材施教。这样做能够帮助大学生准确掌握自我评价方法、明确自我评价内容和过程、把握自我评价有利时机，促进大学生自我评价能力的良好发展。

首先，尊重大学生自我评价的主体地位。归根结底，大学生才是大学生自我评价活动的主体，只有尊重大学生的主体地位，才能够充分激发学生参与评价、积极评价、经常评价与不断改善评价的热情与动力，增强大学生进行自我评价的内驱力。高校教师要改变以往工作中惯用的"命令式"的管理方式、"自上而下式"的教育方式和"灌输式"的思想教育方式。教师应当真正秉持双主体教育理念，尊重大学生自我评价的主体性，把大学生自我评价视为其成长的内在活力源泉，引导其拥有自我教育发展的巨大精神力量。在大学生自我评价活动过程中，高校教师和管理者的作用主要体现在对这一过程的支持和引导上，既保护学生自我评价的积极性，又让学生在自我评价的过程中充分发挥其主观能动性。教师只有开展平等互动的教育教学活动才是最有效的，只有给予学生自我评价的自主选择权，才能达到他们不断提高大学生自我评价能力和水平的教育目的。当然，在这个过程中除了坚持主体性原则之外，还要注意把握如下三个原则：一是激励性原则，就是要科学地运用各种激励手段，调动大学生进行科学自我评价的积极性和主动性；二是渗透性原则，就是有目的地把思想政治教育要求融入大学生自我评价教育活动中；三是持续性原则，就是长期坚持对大学生自我评价主体地位的尊重观念，不能松懈。

其次，加强对大学生自我评价的教育和引导。教师在其教学过程中，应当抓住一切机会，生动阐述自我评价的意义、功能和价值，以及对个人成长、发展的重要性，并结合具体的案例进一步分析开展自我评价对大学生个体发展的好处，深化大学生对自我评价的了解与认识，引导大学生树立正确的自我评价观。学生只有真正认知并认定自我评价的重要价值，才能自觉自愿进行自我评价。还要发挥教师在大学生自我评价活动中的示范和指导作用。教育学生、培养学生最有效的策略，是用实际行动来感动、感染学生，教师可以通过一些典型的成功者的案例或者自己的实际经验来影响学生。教师可以对自己在教学过程中的表现开展自我评价，增强学生对自我评价的感性认知，让学生真切看到具有说服力的自我评价过程和评价效果。教师经常在学生面前进行自我反思、自我评价，能够为学生树立良好的榜样，可以使学生相信自我评价的真实价值，从而激发学生进行自我评价的热情与主动性。

最后，加强对大学生自我评价的跟踪与辅导。教师的辅导与反馈有助于提高学生的自我评价能力，[①] 教师要对大学生的自我评价过程给予跟踪与辅导，大学生有困惑和疑问时更要及时给予解答和辅导。对于那些因某种原因而出现比较严重的消极自我评价结果的学生，教师要及时进行沟通和交流，引导他们理性看待自身的差距和不足，细致地帮助他们分析产生差距和不足的原因，传授学生实事求是地开展自我评价的态度和方法。同时，教师还需要引导学生不仅关注自我评价的结果，更重视评价过程中的体会和收获。针对大学生自我评价能力方面取得的进步和提升，教师要适时给予鼓励、表扬和认可，这样可以增强大学生开展自我评价活动的自信心。更重要的是，教师要在辅导大学生进行自我评价的过程中，赋予大学生积极的情感。让大学生深刻体会教师为了学生的发展所倾注的情感和努力，让大学生深刻理解和体会自我评价对于自身发展的价值和意义，而且尊重教师，积极配合高校或者教师对于他们开展自我评价活动的指导和要求。

三　高校教师加强对大学生同伴比较对象选择的客观引导

在大学生自我评价活动中，大学生不仅需要发挥自身的主体作用，同时需要意识到同伴对自我评价的影响。大学生把自己和他人进行比较的根源，在于自我意识的不确定性，对自己越是没有把握，把自己和他人进行比较的欲望就越强烈。为了获得明确的自我认识，大学生无时无刻不在进行社会比较。作为每天与大学生生活在一起的同伴，很容易成为大学生社会比较的对象。然而，大学生如何选择恰当的同伴作为比较对象，需要高校教师的教育和引导。

首先，要培养大学生选择社会比较对象的意识。高校教师要引导大学生认识到自我评价具有主观性，但也受客观因素如他人评价、同伴比较的

[①]　杨晋芳：《中学化学学习活动中培养学生自我评价能力的实践性研究》，《山西师大学报》（社会科学版）2004 年第 S1 期，第 133~135 页。

影响。如果大学生只依据自己制定的自我评价标准进行自我评价，往往会造成评价标准过于片面，或者评价结果不够客观。通过选定同伴作为自己的比较对象，能够帮助大学生丰富自我评价的标准，也能够帮助大学生发现具有针对性和可操作性的自我提高的方式方法。

其次，要引导大学生学会选择合适的社会比较对象，即评价"参照物"。社会比较是自我评价得以实现的基本途径，而社会比较方式可以分为上行比较、平行比较与下行比较。比如，大学生出于自我提高动机往往趋向于选择比自己更成功的人进行比较，即上行比较，这样可以激励自己更上一层楼。这是一种积极的选择，但也应当充分重视比较对象与自己的"可比性"问题。要选择与自己的地位、处境、能力等某一方面或某些方面具有相似性或同质性的比较对象，这样既能够帮助大学生从具体的情景或条件出发来进行自我与他人的比较，更快地发现问题，也能够帮助大学生直接发现解决问题的有效途径或参考方式。然而，大学生的自我评价对象的选择也要根据大学生的情绪状态做出调整，高校教师要教会大学生适时选择评价"参照物"。在大学生感到人生困惑或者迷茫的时候，往往需要选择比自己优秀的同伴作为比较对象，以此来激励自己明确努力的方向。如果这时候选择了比自己差的同伴作为比较对象，虽然比较的过程中会提升自尊和自信，却往往使之失去了奋发的斗志。如果大学生选择了过高的比较对象，也就是选择的比较对象与自己在能力等方面相差过大的话，大学生会感觉力不能及，导致灰心失望、丧失信心。所以选择恰当的同伴作为比较对象，可以直接影响大学生自我评价的情感，进而影响大学生自我评价能力的发展。

最后，要引导大学生善用同伴资源。大学生与身边的同伴朝夕相处，彼此之间互相熟知，而且大学生群体具有共性特征，这些都为大学生选择比较对象提供了先天优势。所以，大学生要学会善用同伴资源，将同伴作为社会比较的对象，用心地向身边的同伴学习或求教。大学生同伴之间具有相似的生活与学习轨迹，处于同一片大学校园，沟通也比较顺畅。选择身边的同伴作为比较对象，既能够观察和学习他人的行为以及产生行为的原因与条件，也能够及时地与比较对象进行沟通，交流经验与教训，帮助自己更高效地发现自己身上存在的问题，还能够通过沟通交流从自己的视角和他人的视角了解更加具体全面的自己，帮助自己进行合理的自我评价。

第二节　提供大学生自我评价能力培养的情感力量

良好的家庭环境与家庭教育在人的思想品德和心理发展过程中发挥着重要作用。对于大学生而言，虽然处在一个离开父母独立自主的阶段，但家庭对大学生在大学阶段乃至整个人生阶段的发展中始终发挥着深远的影响。家庭是大学生了解与构建人与人之间关系的窗口，也是大学生社会化的第一块基石。尤其是作为从孩子出生到步入大学校园这一时期的重要影响人物，父母与孩子之间建立的亲子关系、父母对孩子的教养方式和父母的教育期望，对大学生方方面面的发展都产生着深刻的影响。

一　家庭建立良好的亲子关系

亲子关系是家庭教育中首先要考虑的问题，良好的亲子关系是开展有效教育的前提。古人云："亲其师，信其道。"学生与教师之间建立亲近的关系后，学生才会对教师所传授的知识产生信任。亲子关系与家庭教育同样如此。孩子与父母之间建立亲密的关系，孩子对父母产生了信任后，才会认可与接受父母的教育。而且，良好的亲子关系，能够让孩子获得自尊与自信的积极自我评价情感，从而促进大学生自我评价能力的培养。

首先，父母要学会理解、尊重孩子，以夯实大学生从幼时形成独立人格的自我评价情感基础。传统的中国教育强调家长对子女的绝对权威，不太关注父母与孩子之间的沟通交流。中国人含蓄的性格色彩也从侧面反映出父母与子女之间缺乏沟通交流的事实。父母对子女的教育通常是自上而下式的，孩子在这种教育方式下，其自由意志与独立人格被压抑，不能实现自我的完全发展。随着教育思想的转变，越来越多的家长意识到孩子作为一个独立的个体，应该受到尊重，也只有受到尊重后，他才可能具有良好的自尊，进而积极客观地开展自我评价。而且，家长要尊重孩子的选择。大学生即将步入社会，当大学生的职业选择与家长的期望不一致时，家长不应该马上予以否认，而是要了解他们的真实想法，要与孩子共同分析这种选择的恰当性，如果是适合孩子，并且是利于孩子发展的，家长就要给予支持和赞许。父母还要理解孩子、接纳孩子。"金无足赤，人无完人。"大人也有犯错误的时候，何况自我意识发展不成熟的大学生。家长要允许孩子在成长过程中犯错，当孩子犯错时，要给予客观的理解与充分的宽容，帮助孩子分析出现错误的原因，避免下次犯同样的错误。另外，家长要给予孩子应有的共情，当大学生遭遇挫折和失败的时候，要用共情的话语鼓励孩子，时刻让大学生感受到来自父母的理解和支持。

其次，父母要多与孩子沟通，做孩子的朋友，以构建大学生在现实自我和理想自我发生矛盾时自我调节的情感支撑。父母不要认为孩子考上大学后自己只负担生活和学习费用就可以了，把孩子送到大学就不管不问了。即便孩子已经成为大学生，仍然需要家长的情感支持和鼓励。父母要多与孩子沟通，孩子面对人生发展中的困惑如果能够及时对父母敞开心扉，父母用自己的切身经历与孩子一同分析，往往会避免孩子陷入困顿和迷茫。尤其是刚入大学的大一学生，要面对学习和生活上的诸多不适应，更需要家长的鼓励，家长要让孩子时刻感受到来自父母坚实而深厚的爱，这样可以让孩子有信心解决学习和生活上的难题。父母还要善于倾听，要允许孩子正常发泄心中的不满和痛苦，做他们的倾听者、陪伴者、支持者和鼓励者。只有深切感受到来自父母的爱与陪伴、支持与鼓励，大学生才会有信心面对困难和挑战。当发现现实自我和理想自我存在矛盾时，他们也能够积极寻求行为的改变，努力进行自我调节。

最后，父母要引导孩子多理解父母、感恩父母，这有助于大学生珍视亲情，更好地接受来自家庭的教育和影响。"00后"大学生仍然是独生子女居多，他们享受着父母的全情投入和关爱，往往认为父母的付出是应该的，得到的物质享受也是理所应当的，往往不理解父母的艰辛与不易。家长在孩子面前要适当地示弱，在不给孩子造成思想和心理负担的情况下，家庭的现实情况适当地要让孩子了解，让孩子理解父母为家庭所奔波的不易。家长也可以适当地让大学生参与家庭事务，引导大学生感恩父母的付出，让孩子珍惜亲情也是促进良好亲子关系的一种手段。

二 家庭采取恰当的教养方式

父母对待孩子的态度与大学生主体性发展有很大关系。父母以什么内容、什么样的教育方式来教育孩子，对于孩子一生的发展起着重要的作用。父母采取恰当的教养方式能够促进大学生自我评价能力的发展，对于采取了不当教养方式的父母，需要转变他们的思想和认知，调整他们对待子女的教养方式。

首先，父母要正确看待与处理自己与子女之间的关系。父母要正视自己在大学生教育和培养中的位置，父母要做大学生的陪伴者、倾听者、鼓励者。只有当父母与子女之间建立了充分的信任关系后，孩子遇到困惑的时候，才能够寻求父母的帮助。这时候，父母仍然要尊重孩子的自主性，要用自己的成长经历帮助孩子分析问题，启发大学生自主解决问题。当孩子遭受挫折时，父母要鼓励孩子勇敢地战胜困难和挑战，要让孩子时刻感受到来自父母的鼓励和支持。此外，父母要尊重大学生的主体地位，不要只按照自己的意愿来教育孩子。父母要认识到孩子是一个独立的个体，不是父母的附属品，他们有自己的想法和追求，也有自己的行事风格。

其次，父母要掌握教育子女正确的方式方法。民主型的教养方式下成长起来的孩子具有自信、乐观开朗的特点，往往能够对自我进行客观准确的评价，自我意识发展较好。相较而言，专制型父母往往独断专行，很少与孩子沟通，也无法考虑孩子的感受，在这样的环境之下，孩子的自尊心和自信心会受到打压，在平时往往表现出自卑、软弱，缺乏独立承担的能力，对于自我的认识也是消极的。放任型的家长虽然不再对子女的自尊心和自信心产生压力，但放任其随意发展，并且常常表现出溺爱孩子的行为方式，导致孩子过分自大，以自我为中心，也会导致自我评价偏差。因此，父母要选择恰当的教养方式来教育和培养孩子，并且做到"三要"和"三不要"：一是要适度引导，但不要过度干涉，父母要尊重大学生的选择，多通过与子女的沟通和协商来达成共同意见，同时给予大学生足够的信任、尊重和自由；二是要适度关心但不要溺爱，每一个孩子都是父母眼中最耀眼的明星，但父母不要过度溺爱孩子，因为过度的溺爱会让孩子认为自己不需要努力，父母可以满足自己的所有需求，这样的家庭教育出来的大学生会丧失自我选择、自我教育和自我发展的能力；三是要适度伸出援助之手，但不要让孩子产生依赖，如果父母一味地包办，会让孩子对父母过度依赖。只有培养大学生独立、坚强、乐观和自信的情感和心态，才能促进大学生积极有效地开展自我评价。

最后，父母要加强自身学习。父母要积极学习教育学、心理学等相关知识，了解大学生的心理发展特点，掌握与青年大学生行之有效的沟通方法，与子女做朋友，这样有利于父母与孩子产生共情。而且，父母通过学习，不断转变教育思想、调整观念。从当前的教育背景看，国家和社会片面地注重学校教育，忽视了家庭教育这个大环节。虽然孩子进入了大学，但仍然需要家校合作共同教育和培养孩子。因此，父母要多和大学的辅导员老师保持联系，了解孩子在大学的思想动态和行为变化，做好大学生的辅助教育工作。

三 家庭提出合理的教育期望

合理的家庭教育期望是父母在全面了解大学生兴趣、理想和愿望的基础上，帮助大学生制定符合自身实际的发展目标。合理的家庭教育期望对大学生来说，是促进其努力向上的精神力量，更是促进大学生提升自我评价能力的动力。父母要调整并建立合理的教育期望，引导大学生找到适合自己的理想与追求，并且在逐步实现自己的理想和追求的过程中，不断地增强对自我的积极认识。[①] 大学生因逐步实现理想和获得成就感而增强自信心，这有助于大学生对自我进行客观合理的评价。

首先，父母要积极调整自己对子女的教育期望。父母必须要明确子女不是父母的附属品，他们不是为了完成父母未能实现的理想和愿望而活着的工具，他们有自己的理想和追求。父母需要调整自己对子女的教育期望，正确认识教育期望与子女实际能力的差距，很多教育期望父母本人也无法实现。实际生活中，大学生往往想成为父母心目中的骄傲，很多的时候他们希望达成父母的心愿。[②] 如果父母的期望并非子女所愿，子女却一味地想实现父母的期望，他们便会生活在被迫的紧张状态和压力之中，从而失去自我发展的自主性。

其次，父母要尊重子女自身的教育期望，双方共同制定合适的家庭教育期望。父母的教育期望与大学生自身的教育期望很容易产生矛盾和冲突，父母切忌将自己的意愿强加到孩子身上。大学生也有自己的理想与追求，父母要多听听他们的心声，了解他们的真实想法。父母期望的不一定是大学生想要的，父母不要用自己对子女的期望绑架和束缚了大学生的主观意愿。[③] 父母要了解子女的实际水平，了解子女与其他同学的差距，了解子女所做的努力，了解子女的兴趣和志向，等等。在沟通中，父母要理解孩子已经尽自己最大的努力奋斗，并且要能对子女的进

① 余秀兰：《父母社会背景、教育价值观及其教育期望》，《南京师大学报》（社会科学版）2020 年第 4 期，第 62～74 页。
② 王甫勤、邱婉婷：《家庭社会阶层、教育期望与课外教育——基于 CFPS2016 的实证研究》，《中国青年社会科学》2021 年第 6 期，第 87～95 页。
③ 魏勇、马欣：《家长教育期望的影响因素研究——基于 CEPS 的实证分析》，《教育学术月刊》2018 年第 7 期，第 55～62 页。

步给予适时、恰当的鼓励。

最后，父母要积极履行自身对家庭教育期望肩负的责任。借鉴家长教育期望中的"罗森塔尔效应"循环模型可以发现，家庭教育期望的实现是父母教育投入和学生学业努力相互作用的结果，父母也是家庭教育期望实现中的支持者、行动者，父母的教育投入行为起到决定性的作用。[①] 一是父母要结合家庭教育期望针对学生的学业内容进行相应的课程辅导，为学生提供必要的智力支持，促进学生的学业提升。二是父母要结合家庭教育期望针对学生的思想行为特点进行日常管教，加强学生日常培养的精力投入，促进学生的综合素质提升。三是父母要加强对学生的情感沟通交流，加强对学生成长培养的情感投入和时间投入，缓解学生学业和成长方面的压力，畅通学生沟通倾诉的渠道，深化亲子关系，陪伴学生健康成长。父母要把家庭教育期望作为整个家庭的目标，而不是孩子个人的目标，通过家庭成员的和谐互动，共同促进大学生的健康成长成才，强化大学生的自我评价能力。

第三节　拓宽大学生自我评价能力培养的实践途径

杜威的教育环境论强调学校教育要与社会生活结合，学校教育要符合社会发展需求。学生是教育的出发点，社会是教育的归宿，两点之间是教育的过程也就是社会化的过程。[②] 在大学生的教育和培养中，高校和高校教师起着重要作用，社会因素也占据着不可或缺的地位。企业为大学生的社会实践提供帮助和便利，教育主管部门积极致力于建立大学生自我评价制度，他人评价能为大学生的健康成长提供正向引导，都有助于大学生确定合理的自我评价标准，帮助大学生提高自

---

① 马欣、魏勇：《家长教育期望中的"罗森塔尔效应"循环模型探析——基于 CEPS 的模型检验》，《新疆社会科学》2017 年第 1 期，第 135~140 页。

② 杨秀平：《杜威的教育环境论：语境、梦境和困境》，《当代教育科学》2020 年第 3 期，第 13~18 页。

我评价能力。

一 教育主管部门建立大学生自我评价相关制度

首先，教育主管部门要贯彻增值评价的落实工作。《深化新时代教育评价改革总体方案》强调了增值评价的重要意义，这为我们开展大学生自我评价能力培养指明了方向。增值评价比较注重对大学生发展水平的相对成长程度的评价，也就是说关注大学生相对于过去自身的发展水平是否提高。相比于以往以考试成绩为标准的结果性评价这种模式，增值评价模式不是以单一的、绝对的、结果性的标准评价大学生，而是对大学生进行多方面、相对性、过程性评价。相比于传统的评价模式，增值评价更注重对大学生进步水平的肯定，具有正面评价的特点。[①] 学生的自身条件和发展需求不同，如果只以考试成绩作为评价标准，这种一刀切的做法容易造成对学生自身发展的片面评价，失去了评价对被评价者本身的激励功能，而且以教师评价学生为主的他评方式，会影响学生参与评价活动的积极性。如果采用增值评价的方式，不仅可以让学生看到自身的进步从而得到激励，也能够让学生意识到自身在评价活动中的主体性，更能够激发学生的参与热情。

其次，教育主管部门要加强对过程性评价的具体指导。在传统的评价模式中，大学生的自我评价没有被纳入大学生的评价考核体系。而今，大学生的综合素质评价指标包括思想道德素质、身体心理素质、专业素质、文化素质等方面。这一评价方式打破了传统的以考试成绩作为唯一标准的模式，开始关注大学生的思想道德素质、身心素质和美育素质等方面，却仍然没有充分调动大学生的主体发展需求。大学生自我评价关注大学生的主体性和发展性，是大学生自我教育、自我发展和自我提高的一剂强心针。然而当前，各高校大学生自我评价的开展情况参差不齐，关键

---

① 顾明远：《对深化新时代评价改革的几点认识》，《教育测量与评价》2020 年第 8 期，第 3~5、18 页。

在于缺乏权威教育主管部门制定具体的、权威性的大学生自我评价指导方案。因此教育主管部门有必要建立并完善高校大学生自我评价指标体系，明确高校大学生自我评价标准，发挥教育主管部门教育导向功能。

当然，教育主管部门建立与完善大学生自我评价指标体系，需要遵循一定的原则。一是主体性原则。自我评价活动的主体是大学生，而评价的目的是让大学生得到充分发展。要树立一切为了学生的中心思想，尊重学生、信任学生。二是实践性原则。坚持实践第一，教、学、做相结合。三是普遍性与特殊性相结合的原则。教育主管部门建立大学生自我评价指标体系是为高校开展大学生自我评价提供普适性的标准与基本框架，各高校需要结合自身的院校特色和学生的发展情况调整并制定适合自身的大学生自我评价指标体系，做到因校制宜、因时制宜。

二 企事业单位为大学生社会实践提供相关平台

中共中央、国务院《关于进一步加强和改进大学生思想政治教育的意见》指出："社会实践是大学生思想政治教育的重要环节，对于促进大学生了解社会、了解国情、增长才干、奉献社会、锻炼毅力、培养品格、增强社会责任感具有不可替代的作用。"[①] 社会实践既是大学生认识世界与改造世界的重要途径，也是提高大学生思想政治素质的有效活动。大学生开展针对社会热点问题的实践调研活动，能够增进自身对社会热点问题的了解，将思想政治课堂教育与社会现实相结合，有效地提升自身的思想政治水平。而且，在专业实践锻炼中，大学生自觉地将专业理论与实际操作相结合，既可以帮助其巩固所学，又可以培养其综合运用知识的能力，还可以提升大学生的专业能力和动手能力。最重要的是，在社会实践中大学生充分地检验自己能做什么、会做什么，促进大学生正确地认识自我。

---

① 中共中央国务院发布《关于进一步加强和改进大学生思想政治教育的意见》，《人民日报》2004 年 10 月 15 日。

校企合作育人模式是高校教育改革的创新举措，学校为企业提供科技辅导和技术支持，企业为大学生的培养提供实践机会，高校和企业共同承担培养大学生的责任，这种模式为大学生在企业与学校之间搭建了一座桥梁，帮助大学生将自身所学的专业知识高效地直接转化为实践成果，锻炼大学生自身的专业素质的同时，为大学生成长与成才提供了非常有利的平台。中共中央、国务院印发的《中长期青年发展规划（2016—2025 年）》指出："加强青年社会实践基地建设，鼓励机关、军队、企事业单位、社会组织为有组织的青年社会实践提供帮助和便利。"大学生在校期间学习的理论知识多，但是实践技能水平低，尤其是对于理工科学生，企业要安排专门的带教老师辅导学生，还要做好大学生的安全保障，这无形当中给企业带来了压力和负担。企业是以营利为目的的组织单位，但是也应该具有社会责任感，为大学生社会实践提供机会，与高校一起承担培养大学生的社会责任。政府部门应该充分发挥其在大学生社会实践中的宏观引导作用，也有必要制定相应的政策，为大学生社会实践予以支持和保障，同时鼓励并调动企业的积极性。企业应该站在为国家培养社会主义现代化建设者和接班人的高度，为大学生的教育和培养做出贡献。企业需要制定完善的大学生社会实践保障机制，从带教老师的培训和安全保障等环节制定详尽的大学生社会实践制度。企业还需要与高校积极配合，构建大学生社会实践长效机制，建立大学生社会实践考评指标体系，针对社会实践过程和社会实践成果建立考评体系，全面评价大学生的社会实践成效。

除了校企合作育人模式之外，学校也要丰富社团、工作室或者创新竞赛活动等社会实践活动。高校要根据学生发展的特点，组织形式新颖、内容丰富的社团、工作室或者创新竞赛活动等社会实践活动，让大学生在锻炼自我的同时进一步了解自我、认识自我和肯定自我。在实践活动中，随着大学生能力的提升和视野的拓展，他们更加积极地寻求自我的提高和自我的完善，因而他们更加迫切需要自我评价活动对于自身的有力促进。

三　他人评价为大学生自我评价能力提供正向引导

他人评价可以帮助大学生发现不被自身了解的自己，可以帮助大学生全面认识自己。然而，他人评价得不客观，则会影响大学生的自我认知，进而影响大学生自我评价能力。

如果大学生只依据自己制定的标准对自己的行为进行评价，往往会造成评价标准过于片面，或者评价结果不客观。通过选定同伴作为自己的比较对象，能够帮助大学生丰富自我评价的标准，也能够帮助大学生发现具有针对性与可操作性的自我提高的方式方法。通过他人评价，能够帮助大学生发现"他人了解但自己不了解"的"盲目的我"，提升对自我的全面认识，从而帮助大学生做出更加正确的自我评价。

首先，大学生要学会处理自评与他评的关系。他人评价可以让大学生认识以前没有认识到的自我，可以提高大学生自我认识的全面性。但大学生要辩证地看待他人评价，因为他人评价也具有片面性，大学生不能全面接受他人评价，也不能全面否定他人评价。大学生对他人评价进行更深入的分析，能够帮助大学生发现自己尚未觉察或习惯忽略的问题与不足，能够帮助大学生在更深层次的思考中增进对自己的了解与认识。所以，大学生要学会正确处理自评与他评的关系。

其次，大学生要重视他人评价对自己的积极影响。"他评是自我评价的一面镜子，处在一定的社会关系中的群体和个体，总是从他人对自己的评价中，看到自己的形象，这种形象便构成了自我评价的基础。"[①]他评是对自评的检验和丰富，是自评的基础，他评的最终目的是服务于自评。大学生应该在评价活动中注重他评与自评的结合。同时，应该端正面对与处理他人评价的态度，不能因为他人对自己的评价过高而骄傲自满，忽略了自己身上的不足，也不能因为他人对自己的评价过低而自

---

① 陈玉琨：《教育评价学》，人民教育出版社，1999，第 142 页。

卑不已，看不到自己身上的闪光点。

第四节　发挥大学生在自我评价能力发展中的主体作用

从大学生群体的整体发展历程来看，大学生的成长离不开客观环境的影响，更离不开大学生积极发挥主观能动性，是客观环境与大学生主观能动性综合作用的结果。[①] 在大学生自我评价能力的培养过程中，学校、家庭与社会为大学生提供的良好的资源与环境非常重要，但最重要的是大学生要树立正确的自我评价观念、提升自我评价的行动力、培养融洽的人际关系和培育积极的自我评价情感，积极发挥自身的主体作用。

一　树立正确的自我评价观念

树立正确的自我评价观念，充分认识到自我评价是自我成长和发展的迫切需要，提升大学生自我评价的主动性，也是促进大学生社会化发展的内在动力。同时，社会主义核心价值观是全社会所共同遵守的价值准则，大学生将社会主义核心价值观纳入自我评价标准体系中，创造更大社会价值的同时，也会促进大学生自我评价能力的良好发展。

首先，大学生要树立正确的自我评价主体观。受教育者自我教育在很大程度上决定着大学生思想政治教育效果。调动大学生自我评价的积极性、主动性，可以提高大学生自我评价能力，提升大学生自我教育的动力，提高大学生自我教育的能力。以思想政治教育主体论为指导，大学生要充分认识到自己是自我命运的主宰，自我评价的主体是自己，要时刻把握自己的实际需求，不是学校和老师要求我做自我评价我才做，而是为了自身的发展才要去做自我评价，即实现"要我评价"到"我要评价"、"要我发展"到"我要发展"的良性发展。大学生需要认识到，

---

① 罗洪铁：《大学生成才理论与实践》，人民出版社，2010，第133页。

对于具备良好的自我反思能力的个人来说，自我评价就是关于"我是谁""我将来要成为什么样的人"等问题的主观判断和认识。正确的自我评价能够帮助人们全面客观地看待过去和现在的自己，可以成为人们不断自我完善、自我发展和自我超越的精神基础和力量源泉。在自我评价过程中，既不能盲目欣赏自身的优点和长处，也不能片面夸大自身的缺点和不足，如此才能够突破原有自我发展格局的限制并创造新的自我发展可能性，把社会要求和学校培养目标转化为自我需求，以发展新的自我来促进自我的更好发展。大学生要意识到开展成熟的自我评价的前提是自己掌握着自我评价的具体要求与明确标准，也要意识到任何形式的评价只有帮助自我发现优势与不足，不断地推动自我反思与自我调整，才能够发挥评价的实际效用，更要意识到自我评价是一个以推动自我发展为目的的持续过程。

其次，大学生要充分认识个人价值与社会价值的和谐统一关系。传统的教育思想推崇"先天下之忧而忧，后天下之乐而乐"，提倡"个人利益服从集体利益""国家利益高于一切"。而随着多元价值观的影响和多种文化因素的影响，不少学生尽管赞同"个人和集体利益并重""我为人人，人人为我"的观念，但是在处理涉及个人利益的具体问题时，往往更多地关注个人价值的获得。实际上，"重视个人价值忽视社会价值"和"重视社会价值忽视个人价值"都是自我评价盲目性和模糊性的表现，都不是对个人和社会发展最好的价值选择，实现个人价值与社会价值的和谐统一，才是适合大学生长久发展的价值选择。大学生要认识到，个人的成功可以推动社会的进步，同样社会的进步和发展可以助力个人实现最大的成功。自我评价的标准涉及多个方面，但大学生树立起这个自我评价的根本性标准，便能正确理解个人价值与社会价值之间的矛盾，形成积极向上的自我评价心理状态。

再次，大学生要认识到将社会主义核心价值观纳入自我评价标准体系中，是符合国家和社会发展迫切要求的。习近平总书记在第二十三次全国高等学校党的建设工作会议上强调，"办好中国特色社会主义大学，要坚持立德树人，把培育和践行社会主义核心价值观融入教书育人全过程"。社会主义核心价值观是中国精神的集中体现，凝结着中国人民共同的价值追求。在党的十九大报告中，习近平同志强调"人民有信仰、国家有力量、民族有希望"[①]，强调青年一代有理想、有本领、有担当，国家就有前途，民族就有希望，进一步明确了青年一代的素质与发展进步与社会的发展进步、民族的前途命运紧密相连。思想政治教育的个体价值在于引导政治方向、激发精神动力、塑造个体人格和规范调控行为，而思想政治教育的社会价值在于促进政治、经济、文化事业的发展。社会发展对于大学生发展的要求是引导青年大学生培育和践行社会主义核心价值观，用社会主义核心价值观教育和影响大学生，使之内化为大学生的价值追求，这样才能促进培养担当民族复兴大任的时代新人。所以必须坚持社会主义核心价值观在大学生个体价值中的主导地位，将社会主义核心价值观转化为大学生的情感认同，使其成为指导大学生行为的价值准则。

最后，大学生要以社会主义核心价值观为引领，树立正确的价值观。如前所述，价值观决定着大学生的自我评价标准，具有较高价值观水平的大学生，便会确定较高的自我评价标准，以此自我评价标准来进行自我调整和改变将会极大促进大学生的自我评价能力的发展。社会主义核心价值观是全社会所共同遵守的价值准则，大学生要将社会主义核心价值观纳入自我评价标准体系中。这样的大学生更多的是关心国家和社会层面的价值需求，他们在自我选择的时候，除了追求个人价值，也会追求社会价值的实现。而且，将社会主义核心价值观纳入自我评价标准体系中，也是大学生提高自我评价标准的内在需求。参照较高的自我评价标准，大学生在身心和行为等方面会有较大的提升和发展，会促使大学

---

① 习近平：《决胜全面建成小康社会 夺取新时代中国特色社会主义伟大胜利——在中国共产党第十九次全国代表大会上的报告》，人民出版社，2017。

生发展成为符合社会需要的人才。具有成熟价值观的大学生能够积极、理性地开展自我评价，他们的自我评价能力强。当大学生面对物质享受的诱惑时，要用正确的价值观念引导自己做出正确选择，在磨炼意志的过程中增强抵制各种诱惑的能力。同时，大学生要自觉抵制外来反华文化的干扰，要自觉开展教育实践活动，激发爱国热情和民族自尊心、自信心，激发民族认同、国家认同和文化认同，并将这种认同转化为服务社会、奉献社会的行动。

二 提升自我评价的行动力

首先，大学生要养成自我反思的习惯。大学生需要养成自我反思的习惯，经常对自身的行为及其结果进行反省，及时地发现自己身上存在的问题以及与他人之间的差距，分析问题与产生差距的原因，寻找积极的解决办法。这样就能够建立起"自我认知—自我反思—自我调节—自我提升"的内循环系统，帮助大学生不断地发展自我与完善自我。

当然，养成自我反思的习惯并非易事，自我反思习惯的养成也需要长久的坚持。曾子曰："吾日三省吾身。"曾参每天会对自己的所作所为从三个方面进行反省：一是反省自己是否对自己的职务尽忠职守，二是反省自己与朋友交往过程中是否信守承诺，三是反省自己是否将所学付诸实践。通过不断地自我反思，能够总结与吸取经验教训，能够为开拓创新提供基础与铺垫。通过在自我反省中进行自我观察与自我分析，可以逐渐培养自我评价时独立、稳定、客观的态度。"省吾身"强调的是自我评价，关键是"内自省"，这种"省"是出自内心的需要，体现着一种自觉自愿。自我反思就是自我反省，这是一种能力，是对自己的言行举止进行客观、冷静、深入的思考后，做出自我纠正、自我改善、自我提高。

其次，大学生要找准自身定位，明确发展目标。高尔基说过："一个人追求的目标越高，他的才能就发展得越快，对社会就越有益。"目标能够引导活动指向与目标有关的行为，使人们根据难度的大小来调整努力的程度，并影响行为的持久性。大学生正处在人生的初级阶段，为自己制定和规划出一个正确的、适合自身发展的人生奋斗目标至关重要。大学生要善于规划自己的人生目标和价值目标，要明确什么样的人生是有意义的人生，做什么事情是有意义的，什么生活是自己向往的等根本问题。而且，大学生要制定出不同时期适合自身发展的具体目标，如学业目标、职业目标和生活目标等。学业目标是大学生要树立切合实际的学习目标、专业目标，掌握有效的学习方法，多读书、读好书，构建合理的知识结构，努力学习科学文化知识，注重实践能力和创新能力的提升；生活目标是大学生要热爱生活，珍爱生命，积极面对生活中的挫折和困难，掌握一定的人际交往技能，树立正确的恋爱观、消费观，做身心健康发展的人；职业目标是大学生要进行正确的职业生涯规划，树立正确的职业观、就业观和创业观，培养自己的创新创业意识，掌握一定的创业本领。而且，目标要具体、适当，具体是指大学生要设定近期目标和中长期目标，适当是指目标不易定得过高或过低。目标过高，压力就大，容易产生学习焦虑，心情紧张，导致难以实现目标；目标过低，学生容易受无关因素干扰，不专心。

最后，大学生要善于控制和调节自己的情绪和行为。大学生要充分认识到自己是成年人，要对自己的言论和行为负责，遇到困难要理性地思考、妥善地解决，要善于控制自己的情绪，适度调整自己的行为。当我们做一件事情的时候，难免会有这样那样的困难，面对困难，大学生要坚守初心、拒绝诱惑、锲而不舍地追求目标，即使遇到阻力，也要坚持下去。

三 培养融洽的人际关系

人际关系融洽既是大学生心理健康的重要标志，也是大学生社会化发展、成长成才的重要条件，更是影响和提升大学生自我评价能力的重要因素。上文的实证研究已经表明，融洽的人际关系可以正向影响大学生自我评价能力的发展，而不融洽的人际关系则会负向影响大学生自我评价能力的发展。大学生应该重视人际关系的重要作用，正确认识自己在人际关系认知、交往能力、交往技巧、交往方法等方面的不足，发挥个体的主观能动性，积极尝试人际关系的自我调适，塑造积极融洽的人际关系，让融洽的人际关系成为促进自我评价能力发展的助推器。

首先，大学生要主动调整对人际关系的认知。相关研究表明，社交焦虑可以显著预测大学生的人际关系形成，主动性人格起到了调节作用，[①] 面子意识越强大学生人际交往中越容易出现冲突，[②] 可见认知因素是影响大学生人际关系的决定性因素。一是大学生要正视人际关系对自我评价能力发展的促进作用，对自己的人际关系进行准确评价，纠正个人对人际关系的认知偏差。二是大学生要积极主动地向心理咨询师、辅导员、思政课教师等寻求帮助，通过教育引导来实现自己对人际关系的认知平衡。三是大学生要对人际关系问题进行正确归因，明确人际关系问题既有客观因素也有主观因素，要多从个人角度思考人际问题，正确领悟社会支持对个人成长的重要作用。通过正确认识融洽的人际关系对自我评价能力发展的促进作用、对个人成长发展的积极作用，形成正确的人际关系和谐观，推动个人自我评价能力健康发展。

其次，大学生要主动学习人际交往技巧。人际交往技巧是提升人际交往能力、构建良好的人际交往关系的重要途径。一是坚持人际交往的基本原则和行为规范。大学生要主动遵守道德规范、习俗规范、礼仪规范、法律规范，在人与人交往中遵守基本原则和行为规范，形成良性的交往循环。二是掌握人际交往的规律，做到事半功倍。大学生要广泛了解人际交往的一些心理效应，利用交往规律提升交往能力。如"首因效

---

① 靳义君：《亲子依恋、社交焦虑及主动性人格对大学新生人际关系的影响》，《西北师大学报》（社会科学版）2019 年第 5 期，第 121~128 页。

② 梁凤华、段锦云：《社会面子意识、冲突处理策略与人际关系满意度》，《心理学探新》2018 年第 6 期，第 527~533 页。

应",人与人初次见面,彼此给对方留下的印象会在对方头脑中占据主导地位,进而影响其后续的交往发展。[①] 三是从个体内在修养和外在仪态来提升魅力。外在仪态比较容易提升,内在修养需要时间的积累。大学生可以通过阅读、思考、实践,广泛涉猎不同的知识领域,扩充自己的知识面,提升道德修养、心理素养和文化知识素养,不断提升自己的优势,克服自身存在的不足,树立积极健康的形象,拉近与他人交往的距离。

最后,大学生要积极扩展人际交往的路径。身在大学校园中的大学生,人际沟通和人际交往能力往往在与老师和同学的沟通、交流与合作中得到锻炼和提升,大学生要主动扩展人际交往的路径,给自己创造更多的锻炼人际交往能力的机会。一方面,大学生要积极参加学校组织的各种活动。大学生要多多关注党团组织、学生会、班委会、社团等组织的丰富多彩的活动,根据自己的志趣、爱好来丰富自己的课余文化生活,锻炼组织协调能力、团队合作能力、语言表达能力,培养人际沟通和人际交往的能力。另一方面,大学生要主动参与日常的文体活动。体育活动诸如篮球、排球、足球比赛等,是以集体方式练习和比赛,需要同学之间互相合作、互助、交流,不仅能培养大学生团结协作意识和集体主义精神,还能够提高大学生的人际沟通和人际交往能力。大学生要主动参加文体活动,克服社交焦虑心理,学会主动沟通,建立良好的人际关系,获得良好人际沟通和人际交往能力。

四 培育积极的自我评价情感

大学阶段是大学生社会化发展的关键时期,他们开始关注"我是谁""我要去向何处"等社会性发展问题,他们意识到自己并非独立的个体,而是社会的产物,要学会适应社会的要求和发展。提高大学生自

---

① 张宝君:《以规范和疏导为依托构建大学生和谐人际关系》,《思想理论教育导刊》2008 年第 3 期,第 83~86 页。

我认知能力是关键，良好的自我认知能力是开展自我评价的前提。大学生只有对自身的思想、意愿、行为和人格特征等具有准确的自我认知，才能准确地把握"我是谁"这一核心问题，才能准确找到自身的差距和不足，从而促进自我提高。提高大学生的自我认知能力，需要大学生具有积极阳光的个人心态，要全面、综合地看待自我，正视自己的缺点和不足，不要躲避问题，要积极地寻求弥补缺点和不足的有效方法。

首先，大学生需要注重培养良好的自尊心和自信心。具有良好的自尊心和自信心，是大学生积极情感的体现。积极的情感能够引导大学生正视理想自我与现实自我，正确理解个人价值与社会价值之间的矛盾，形成积极向上的自我评价心理状态。从这个意义上说，大学生拥有积极面对学习和生活的心态，就能够有效地避免自我评价中出现偏差。大学生要树立自尊，自觉克服自卑心理，还要认识到只有自尊才能得到社会和他人的尊重，有了自尊才会有自信。大学生要认识到"金无足赤，人无完人"，能够淡定、从容地面对"问题"与"困惑"，并将自我需求作为自我评价的标准。当取得了成绩的时候，大学生要及时地给予自己激励和表扬。此外，大学生要积极参加丰富的校园文化活动，大胆、充分地展示自我，在体验获得感、成就感、满足感的同时，树立坚定的自信心。

其次，大学生需要积极地悦纳自我。大学生要做到既不妄自菲薄，也不骄傲自大。能够在自我评价中正视自身的差距和不足，就能够真正使自我评价成为成才发展的导向和动力。大学生学会悦纳自己的三个方法：第一，大学生不要过分追求完美，要容忍自己的不完美，要善于接纳自己的不足和差距，要认识到自己完全可以通过努力成为最好的自己，养成欣赏自己的积极心态；第二，大学生要认识到"尺有所短，寸有所长"，每个人都是独特的，都有与众不同的地方，要欣赏自己的独特性，不断自我激励；第三，大学生不要用唯一的标准来衡量自己，每个人都不是十全十美的，都具有两面性，如优或劣、高或低等。在实际生活中，每个方面都超越别人或每个方面都比别人低劣的情况几乎是不存在的。

所以，大学生要避免以唯一的标准来衡量自己，正确对待得失，以免引起不必要的自卑情绪。

最后，大学生需要理性客观地开展自我评价。良好的自我认知是大学生开展自我评价的基础，要避免大学生自我评价产生偏差，最重要的是保证大学生理性客观地自我评价，这样才能使大学生准确地认识到自身的优势和劣势、差距和不足，真正使自我评价成为大学生成才发展的导向和动力。面对他人评价，也要做到理性、客观，不能一味地肯定他人对自己优点的评价，也不能只盯着别人对自己不足的评价；面对自己选择的比较对象，同样不能以自己的长处与他人的短处相比，也不能以自己的短处与他人的长处相比。要正确地看待他人评价与比较对象，善于分析和接受别人评价中的合理部分或比较对象身上的优点，做到理性客观地正视自身的差距和不足。

第五节　结论

本书对大学生自我评价能力及其培养问题进行了探索，得出以下几个方面的研究结论。

第一，明确了大学生自我评价能力的内涵及特征。大学生自我评价能力是大学生对自己思想、意愿、行为和人格特点进行全面认知的基础上，自觉地根据社会规范的要求，并参照他人评价，不断地调整自我评价标准，且通过这一标准进行自我反思，来调节自己的心理和行为的一个能力系统；大学生自我评价能力的特征包括自我评价动力的主动性和盲目性、自我评价内容的全面性和矛盾性、自我评价标准的主观性和模糊性、自我评价结果的肯定性和虚假性、自我评价能力的独立性和依赖性。

第二，在理论梳理的基础上，确定了大学生自我评价能力结构包含自我评价意识、自我评价情感、自我评价知识与技能、自我认知能力、自我反思能力和自我调节能力 6 个维度。提出了大学生自我评价能力的具体指标，编制"大学生自我评价能力现状调查问卷"，在进行信度和效度的检验基础上，形成正式调查问卷。调查结果显示，目前大学生自我评价能力发展水平整体处于中等水平，其中自我评价知识与技能、自我评价情感和自我反思能力相对较强，自我评价意识、自我认知能力和自我调节能力相对较弱。

第三，大学生自我评价能力受学校环境、家庭环境、社会环境和个体的自我发展水平影响。编制了"大学生自我评价能力影响因素调查问卷"并进行实证分析，得出 9 个当代大学生自我评价能力影响因素。基于文献研究，提出有关大学生自我评价能力影响因素的 9 个基本假设。通过相关分析、回归分析和独立样本 T 检验方法，对影响大学生自我评价能力的因素变量进行假设检验和结果分析。实证分析结果表明，大学生自我评价能力主要影响因素有学校方面的评价环境、教师辅导与反馈、同伴比较，家庭方面的亲子关系、父母教养方式，社会方面的社会实践和他人评价，个体方面的人际关系和价值观。

第四，实证研究显示，当前大学生自我评价能力整体处于中等水平，但其中仍有一定比例的大学生自我评价能力发展水平较低，而且即使大学生整体自我评价意识、自我评价情感和自我反思能力较强，其中也有一定比例学生自我评价意识、自我评价情感和自我反思能力较差，所以大学生自我评价能力培养问题不容忽视。同时，通过实证分析认为，部分大学生自我评价能力发展不足的主要原因在于高校缺乏大学生自我评价的宏观指导、家庭缺少大学生自我评价的积极助力、社会缺少大学生自我评价能力培养的鼎力支持、大学生自我评价能力发展的主体作用发挥不足四个方面，甚至大学生个体差异也影响大学生自我评价能力。

第五，大学生自我评价能力培养与学校、家庭、社会以及个体有着密切关系，是四个方面共同作用的结果。所以，提出学校、家庭、社会、个体四位一体加强大学生自我评价能力培养的对策建议。一是高校层面要构建和完善大学生自我评价的评价体系，要深入开展对大学生自我评价的系统指导，还要加强对大学生同伴比较对象选择的客观引导；二是家庭层面要建立良好的亲子关系，采取恰当的教养方式，还要提出合理的教育期望；三是社会层面教育主管部门要建立大学生自我评价相关制度、企事业单位要为大学生社会实践提供相关平台、他人评价要为大学生自我评价能力培养提供正向引导；四是大学生要树立正确的自我评价观念、提升自我评价的行动力、培养融洽的人际关系和培育积极的自我评价情感。

参考文献

一 马克思主义经典著作及党的文献类

[1]《马克思恩格斯选集（第一卷）》，人民出版社，2012。

[2]《马克思恩格斯选集（第三卷）》，人民出版社，2012。

[3]《马克思恩格斯选集（第四卷）》，人民出版社，2012。

[4]《马克思恩格斯全集（第四十卷）》，人民出版社，1982。

[5] 马克思、恩格斯：《德意志意识形态（节选本）》，人民出版社，2018。

[6] 中共中央党校马克思主义理论教研部、中国马克思主义研究基金会：《马克思主义关于人的学说》，人民出版社，2011。

[7]《毛泽东选集（第一卷）》，人民出版社，1991。

[8]《毛泽东选集（第二卷）》，人民出版社，1991。

[9]《江泽民文选（第二卷）》，人民出版社，2006。

[10] 习近平：《决胜全面建成小康社会 夺取新时代中国特色社会主义伟大胜利——在中国共产党第十九次全国代表大会上的报告》，人民出版社，2017。

[11] 习近平：《在纪念马克思诞辰 200 周年大会上的讲话》，人民出版社，2018。

[12] 习近平：《在北京大学师生座谈会上的讲话》，人民出版社，2018。

[13] 习近平：《在纪念五四运动 100 周年大会上的讲话》，人民出版

社，2019。

[14] 习近平：《习近平谈治国理政（第一卷）》，外文出版社，2017。

[15] 习近平：《习近平谈治国理政（第二卷）》，外文出版社，2017。

[16] 习近平：《习近平谈治国理政（第三卷）》，外文出版社，2020。

[17]《十八大以来重要文献选编（上）》，中共中央文献出版社，2014。

[18]《十八大以来重要文献选编（中）》，中共中央文献出版社，2016。

[19]《十八大以来重要文献选编（下）》，中共中央文献出版社，2018。

[20]《习近平著作选读（第一卷）》，人民出版社，2023，第540页。

[21]《习近平首次点评"95后"大学生》，《人民日报》2017年1月
   3日。

[22]《习近平：坚持中国特色社会主义教育发展道路 培养德智体美劳全
   面发展的社会主义建设者和接班人》，习近平系列重要讲话数据
   库，http://jhsjk.people.cn/article/30284771，2018年9月11日。

[23] 习近平：《用新时代中国特色社会主义思想铸魂育人 贯彻党的教育
   方针落实立德树人根本任务》，《人民日报》2019年3月19日，第
   01版。

[24] 中共中央国务院发布《关于进一步加强和改进大学生思想政治教
   育的意见》，《人民日报》2004年10月15日。

二 中文文献

（一）著作

[25] 曹清燕：《思想政治教育目的研究——基于马克思主义人学视角》，
   中国社会科学出版社，2011。

[26] 曾本君：《大学生心理健康教育》，电子科技大学出版社，2016。

[27] 车文博：《西方心理学史》，浙江教育出版社，1998。

[28] 车文博：《心理咨询大百科全书》，浙江科学技术出版社，2001。

[29] 陈秉公：《思想政治教育学》，吉林大学出版社，1992。

［30］陈鹏：《大学生心理素质培养》，国防科技大学出版社，2003。

［31］陈绥：《普通教育评价》，北京师范大学出版社，1991。

［32］陈万柏：《思想政治教育载体论》，湖北人民出版社，2003。

［33］陈万柏、张耀灿主编《思想政治教育学原理（第三版）》，高等教育出版社，2015。

［34］陈小梅：《大学生心理健康教育》，厦门大学出版社，2019。

［35］陈新汉：《评价论导论——认识论的一个新领域》，上海社会科学院出版社，1995。

［36］陈新汉：《自我评价论》，上海人民出版社，2011。

［37］陈叶坪、张桂兰主编：《大学生健康教育（第二版）》，华中科技大学出版社，2018。

［38］陈英和：《认知发展心理学》，北京师范大学出版社，2013。

［39］陈玉琨：《教育评价学》，人民教育出版社，1998。

［40］陈中建：《高校德育系统工程研究》，南京师范大学出版社，2015。

［41］戴晓阳：《常用心理评估量表手册》，人民军医出版社，2015。

［42］邓晓芒：《黑格尔辩证法讲演录》，北京大学出版社，2005。

［43］邓晓芒：《黑格尔〈精神现象学〉句读（第三卷）》，人民出版社，2016。

［44］邸建新、王宝平：《人学理论争鸣》，中国广播电视出版社，1993。

［45］杜学森：《大学生就业指导》，北京理工大学出版社，2015。

［46］风笑天：《社会调查中的问卷设计（第三版）》，中国人民大学出版社，2014。

［47］冯契：《认识世界和认识自己》，华东师范大学出版社，1996。

［48］符丽芳：《学校心理健康教育简明教程》，陕西科学技术出版社，2018。

［49］耿步健：《大学生心理学》，东南大学出版社，2005。

［50］顾海良：《中国特色社会主义理论与实践研究（第2版）》，高等

教育出版社，2016。

[51] 郭本禹、郭慧、王东：《自我心理学：斯皮茨、玛勒、雅可布森研究》，福建教育出版社，2011。

[52] 韩延明主编《大学生心理健康教育》，华东师范大学出版社，2007。

[53] 侯莉敏：《新视界幼儿园管理—人本视域下的幼儿园教师专业发展》，北京少年儿童出版社，2013。

[54] 黄楠森、杨寿堪：《新编哲学大辞典》，山西教育出版社，1993。

[55] 黄希庭：《人格心理学》，浙江教育出版社，1996。

[56] 黄希庭：《心理学导论（第二版）》，人民教育出版社，2007。

[57] 黄希庭：《人格心理学》，浙江教育出版社，2002。

[58] 黄希庭：《探究人格奥秘》，商务印书馆，2014。

[59] 黄小华：《思想政治教育价值实现论》，光明日报出版社，2019。

[60] 李德顺：《价值论（第三版）》，中国人民大学出版社，2013。

[61] 李连科：《哲学价值论》，中国人民大学出版社，1991。

[62] 李晓东主编《发展心理学》，北京大学出版社，2013。

[63] 李玉芳：《如何进行学生评价》，华东师范大学出版社，2014。

[64] 李月华、张利新、张彦云：《新课改背景下学校教育改革的理论与实践》，河北大学出版社，2010。

[65] 梁宁建：《当代认知心理学》，上海教育出版社，2014。

[66] 辽宁省教委思想政治教育处、整体构建学校德育体系的研究与实验课题组：《大学生心理学导论》，大连理工大学出版社，1998。

[67] 林崇德：《发展心理学》，浙江教育出版社，2002。

[68] 林崇德、杨治良、黄希庭主编《心理学大辞典》，上海教育出版社，2003。

[69] 林崇德：《发展心理学（第二版）》，浙江教育出版社，2018。

[70] 刘华山：《大学教育心理学概论》，华中师范大学出版社，1991。

［71］刘蒙之、孙婷婷、赵天天：《西方人际传播理论导论》，世界图书出版公司，2016。

［72］卢家楣：《青少年心理与辅导》，上海教育出版社，2011。

［73］卢家楣、伍新春：《现代心理学基础理论及其教育应用》，上海人民出版社，2014。

［74］罗洪铁：《大学生成才理论与实践》，人民出版社，2010。

［75］马勇琼：《心理教育能力实训教程普通高等教育十三五师范类应用型人才培养实训规划丛书》，西南交通大学出版社，2015。

［76］皮连生：《学与教的心理学》，华东师范大学出版社，1997。

［77］秦树理、陈思坤、王晶：《西方公民学说史》，人民出版社，2012。

［78］沙莲香：《社会心理学》，中国人民大学出版社，2014。

［79］沈壮海：《思想政治教育有效性研究》，武汉大学出版社，2012。

［80］沈壮海：《思想政治教育发展报告 2016—2017》，高等教育出版社，2018。

［81］宋宝萍：《大学生积极心理健康教育——理论与实践（第 2 版）》，西安电子科技大学出版社，2019。

［82］时蓉华：《现代社会心理学（第三版）》，华东师范大学出版社，2013。

［83］田鹏颖、赵美艳：《思想政治教育哲学》，光明日报出版社，2010。

［84］王春生、杨苏平：《大学生心理健康导论》，厦门大学出版社，2018。

［85］王建强：《血型人格》，北京理工大学出版社，2014。

［86］王健：《综合实践活动建构与行动》，广东高等教育出版社，2017。

［87］吴钢：《现代教育评价教程》，北京大学出版社，2015。

［88］吴吉明、王凤英：《现代职业素养》，北京理工大学出版社，2018。

［89］吴明证：《内隐自尊》，上海交通大学出版社，2016。

［90］吴桐祯：《语文自学能力培养法》，教育科学出版社，1997。

［91］肖旭：《社会心理学》，电子科技大学出版社，2013。

［92］许思安：《学校心理学》，华中科技大学出版社，2015。

［93］许晓青：《人际关系管理实务》，复旦大学出版社，2013。

［94］徐光春：《马克思主义大辞典》，崇文书局，2018。

［95］燕良轼：《高等教育心理学》，湖南师范大学出版社，2015。

［96］杨丽珠：《儿童心理学纲要》，社会科学文献出版社，1996。

［97］杨丽珠：《儿童心理学纲要》，社会科学文献出版社，2002。

［98］姚本先主编《大学生心理健康教育》，安徽大学出版社，2015。

［99］闫顺利：《马克思主义发展哲学研究》，人民日报出版社，2006。

［100］叶浩生：《心理学理论精粹》，福建教育出版社，2000。

［101］叶宁：《大学生自我管理能力影响机制评价》，知识产权出版社，2015。

［102］严虎：《家长心理学入门》，湖南教育出版社，2018。

［103］岳川夫：《政治理论》，华东理工大学出版社，2006。

［104］岳晓东：《写好孩子的人生脚本》，民主与建设出版社，2019。

［105］张曼华：《大学生心理健康教育（第 2 版）》，江苏凤凰科学技术出版社，2018。

［106］张明德编著《德育教师形象设计》，北京广播学院出版社，1997。

［107］张卿、王孝胜：《大学生职业生涯规划与就业指导》，西北工业大学出版社，2018。

［108］张雅明：《元认知发展与教学：学习中的自我监控与调节》，安徽教育出版社，2012。

［109］张耀灿、郑永廷、吴潜涛等：《现代思想政治教育学》，人民出版社，2006。

［110］张云仙、孟丽娟：《大学生心理素质训练》，山东人民出版社，2016。

［111］郑春生：《中国大学生能力自我评价研究》，人民出版社，2015。

［112］郑雪：《社会心理学》，暨南大学出版社，2009。

［113］郑永廷、江传月：《主导德育论》，人民出版社，2008。

［114］郑永廷：《思想政治教育方法论》，高等教育出版社，1999。

［115］周海银：《教育教学知识与能力》，中国经济出版社，2015。

［116］周卫勇：《走向发展性课程评价一谈新课程的评价改革》，北京大学出版社，2002。

［117］周勇、杨明全：《新课程下的评价观与评价策略》，首都师范大学出版社，2005。

［118］尹保华：《社会研究方法》，中国矿业大学出版社，2018。

［119］张大均：《教育心理学》，人民教育出版社，2015。

［120］朱风书、周成林、颜军：《运动促进大学生自我控制的理论与实践》，东北大学出版社，2016。

［121］中国马克思主义与当代编写组：《中国马克思主义与当代》，高等教育出版社，2018。

（二）期刊

［122］边玉芳：《学习自我效能感量表的编制》，《心理科学》2004年第5期。

［123］曹群、郑永廷：《他教与自教是思想政治教育学科的基本范畴》，《思想教育研究》2014年第11期。

［124］曹蕊、吴愈晓：《班级同辈群体与青少年教育期望：社会遵从与社会比较效应》，《青年研究》2019年第5期。

［125］陈慧玲：《提高幼儿自我评价能力的若干做法》，《教育评论》1997年第4期。

［126］陈隆生：《在教学中培养学生的自我评价能力》，《江西教育》1995年第1期。

［127］陈琴、陈伊莉、姜琳等：《大学生自我评价、父母教养方式与主观幸福感相关研究》，《吉林省教育学院学报》2010年第8期。

［128］陈涛：《全面与个性化协同发展观下的大学生评价体系探析》，《学校党建与思想政治教育》2013年第19期。

［129］陈晓娟、任增元：《高等教育评价：超越"五唯"的价值意蕴与

体制支撑》，《大学教育科学》2020 年第 6 期。

[130] 陈欣、林悦、刘勤学：《科技干扰对青少年智能手机成瘾的影响：核心自我评价与心理需求网络满足的作用》，《心理科学》2020年第 2 期。

[131] 陈新汉：《个体自我评价活动研究的可能性和必要性》，《湖南师范大学社会科学学报》2011 年第 2 期。

[132] 陈新汉：《自我评价活动和自我意识的自觉》，《上海大学学报》（社会科学版）2006 年第 5 期。

[133] 成刚、杜思慧、余倩：《"望子成龙"有效吗？——基于亲子教育期望偏差对学业成绩的影响研究》，《华东师范大学学报》（教育科学版）2022 年第 1 期。

[134] 戴健：《专业课教学与大学生自我评价能力的培养》，《大学教育》2014 年第 15 期。

[135] 单志艳、吕学玉、李桂侠等：《父母教养方式和生活事件对个体思维方式发展的影响研究》，《教育学术月刊》2020 年第 7 期。

[136] 单志艳：《元认知的培养和训练概述》，《内蒙古师范大学学报》（哲学社会科学版）2000 年第 4 期。

[137] 邓汉平：《浅议当前大学生思想政治教育自我评价体系的反思与重构》，《职业教育》（中旬刊）2016 年第 14 期。

[138] 邓晓芒：《马克思的黑格尔哲学批判对重建形而上学的启示》，《湖北社会科学》2020 年第 1 期。

[139] 董奇：《论元认知》，《北京师范大学学报》1989 年第 1 期。

[140] 杜宜展、付鑫：《亲子关系中的过度教养探析》，《教育导刊》2021年第 1 期。

[141] 方正泉：《高校社会实践育人实效性探析》，《学校党建与思想政治教育》2017 年第 10 期。

[142] 龚艺华：《四种不同类型父母教养方式对个体成就动机水平的影

响》，《中国临床康复》2006 年第 46 期。

[143] 顾明远：《对深化新时代评价改革的几点认识》，《教育测量与评价》2020 年第 8 期。

[144] 郭秋娟：《亲子关系与家庭教养方式的社会学研究》，《牡丹江教育学院学报》2017 年第 4 期。

[145] 郭赟程、鲁长芬：《高校体育教育与大学生健全人格的培养》，《中国高等教育》2019 年第 Z2 期。

[146] 郭瞻予：《论引导青少年自我教育的意义及相关理论》，《沈阳师范大学学报》（社会科学版）2004 年第 3 期。

[147] 韩宝成：《动态评价理论、模式及其在外语教育中的应用》，《外语教学与研究》2009 年第 6 期。

[148] 韩玉萍、张蓝月、叶海英：《基于 USEM 模型的大学生就业能力评价与提升策略研究》，《学校党建与思想政治教育》2016 年第 3 期。

[149] 洪晓楠：《如何看待西方所谓的"普世价值"》，《大连理工大学学报》（社会科学版）2017 年第 4 期。

[150] 胡明勇：《大学生英语自主学习中的自我评价》，《科教文汇》2010 年第 11 期。

[151] 黄超云、张军建、任善玲：《大学生自我评价与父母养育方式的关系研究》，《中国行为医学科学》2005 年第 2 期。

[152] 黄瑞瑞、张一旦：《高中生自我评价能力的调查与分析——以天津市为例》，《教育现代化》2018 年第 10 期。

[153] 贾月：《我国大学生自我教育问题研究述评》，《广西教育学院学报》2016 年第 2 期。

[154] 江传月、郑永廷：《论个体价值取向的分裂、冲突与整合》，《深圳大学学报》（人文社会科学版）2012 年第 4 期。

[155] 江雪梅：《当代大学生思想观念中的误区及对策研究》，《黑龙江

高教研究》2001 年第 5 期。

[156] 姜一鹏：《体质自我评价与体育锻炼及健康生活习惯的实证研究》，《天津体育学院学报》2015 年第 2 期。

[157] 蒋广学、徐鹏：《全环境育人视角下网络思想政治教育的历史方位、现实意义与实践路径》，《思想理论教育导刊》2015 年第 6 期。

[158] 简磊：《核心自我评价的研究进展》，《十堰职业基础学院学报》2019 年第 2 期。

[159] 靳振忠、严斌剑、王亮：《家庭背景、学校质量与子女教育期望——基于中国教育追踪调查的分析》，《教育研究》2019 年第 12 期。

[160] 靳义君：《亲子依恋、社交焦虑及主动性人格对大学新生人际关系的影响》，《西北师大学报》（社会科学版）2019 年第 5 期。

[161] 孔荣、刘婷：《宿舍学习氛围与大学生学业倦怠的关系：核心自我评价中介与调节作用》，《山西高等学校社会科学学报》2020 年第 9 期。

[162] 乐国安、李文姣、王雪松：《亲子关系对自尊的影响：一项基于贫困大学生的研究》，《应用心理学》2011 年第 1 期。

[163] 梨坚、杜卫、孙晓敏：《元认知调节研究的现状与发展趋势》，《北京师范大学学报》（社会科学版）2008 年第 3 期。

[164] 梨坚、张厚粲：《认知操作背景下在线元认知调节能力的特征》，《心理学报》2006 年第 3 期。

[165] 李彬：《自我评价与大学生发展》，《江苏高教》2004 年第 4 期。

[166] 李春山：《中国大学生政治素质的形成过程与优化路径》，《思想教育研究》2014 年第 3 期。

[167] 李恩秀：《大学毕业生自我评价对求职行为的影响》，《江苏高教》2007 年第 3 期。

[168] 李健明：《从元认知发展规律看思想政治教育过程》，《中国高等教育》2019 年第 5 期。

[169] 李晶：《中学生自我评价的发展及其与学业成绩的关系》，《心理
       科学》2011年第3期。

[170] 李静：《指向自我调节学习的学生自我评价研究述评》，《全球教
       育展望》2018年第8期。

[171] 李佳丽、胡咏梅：《"望子成龙"何以实现？—基于父母与子女教
       育期望异同的分析》，《社会学研究》2021年第3期。

[172] 李丽：《学生自我评价的误区及方法探析-以归因理论的视角》，
       《安徽广播电视大学学报》2008年第1期。

[173] 李爽、金玲玲、王婷：《社会主义核心价值观融入高校教育教学全
       过程现状评价研究》，《学校党建与思想政治教育》2019年第4期。

[174] 李一希、黄毅：《价值异化：高等教育评价》，《高等工程教育研
       究》2020年第4期。

[175] 李英达、董宁：《大学生焦虑与自我评价的相关研究》，《新西部》
       2011年第3期。

[176] 李屏南：《论人的思想结构》，《湖南师范大学社会科学学报》1997
       年第5期、

[177] 李燕燕、桑标：《母亲教养方式与儿童心理理论发展的关系》，《中
       国心理卫生杂志》2006年第1期。

[178] 梁凤华、段锦云：《社会面子意识、冲突处理策略与人际关系满意
       度》，《心理学探新》2018年第6期。

[179] 刘慧君、蔡艳芝、班理：《女性高等教育社会支持机制的可持续
       性分析与模拟》，《妇女研究论丛》2007年第3期。

[180] 刘素芬、荆秀萍：《全面开发大学生的德育素质势在必行》，《沧
       州师范专科学校学报》2004年第1期。

[181] 刘玉标：《浅析邓小平教育思想的人本意蕴》，《宝鸡文理学院学
       报》（社会科学版）2008年第3期。

[182] 罗杰、陈维、杨桂芳等：《大学生主动性人格对其拖延行为的影

响：核心自我评价的中介作用》，《心理与行为研究》2019 年第
5 期。

[183] 罗小兰：《大学生自我评价偏差与心理健康》，《教育与职业》2005
年第 6 期。

[184] 马金娇：《我校不同教育层次护生自我评价能力的调查与分析》，
《卫生职业教育》2014 年第 16 期。

[185] 马晓静、黄志兵：《青少年自我教育能力培养路径研究——读苏霍
姆林斯基〈怎样培养真正的人〉》，《宁波教育学院学报》2018 年第
4 期。

[186] 马欣、魏勇：《家长教育期望中的"罗森塔尔效应"循环模型探
析—基于 CEPS 的模型检验》，《新疆社会科学》2017 年第 1 期。

[187] 欧本谷、刘俊菊：《多元教师评价主体分析》，《重庆大学学报》
（社会科学版）2004 年第 2 期。

[188] 彭小兵、曹若茗：《大学生核心自我评价对就业质量的影响：就
业期望的中介作用》，《黑龙江高教研究》2020 年第 8 期。

[189] 单志艳、吕学玉、李桂侠等：《父母教养方式和生活事件对个体
思维方式发展的影响研究》，《教育学术月刊》2020 年第 7 期。

[190] 沈壮海、肖洋：《2016 年度大学生思想政治状况的调查分析》，
《思想理论教育导刊》2017 年第 1 期。

[191] 沈壮海：《坚持社会主义核心价值体系》，《国家教育行政学院学
报》2018 年第 9 期。

[192] 申艳婷：《父母教养方式与自尊视域下大学生社交焦虑探究》，《社
会科学家》2018 年第 12 期。

[193] 史秋衡、王芳：《我国大学生就业能力的结构问题及要素调适》，
《教育研究》2018 年第 4 期。

[194] 孙琳：《论唯物史观对"自我意识"的重构》，《学习论坛》2020
年第 2 期。

［195］孙晓峰：《当代大学生思想困惑与高校立德树人路径探索》，《思想理论教育导刊》2017年第10期。

［196］谭晓斐：《思想政治教育视角下的大学生自我评价研究综述》，《黑龙江教师发展学院学报》2020年第5期。

［197］汤玉梅：《新课程背景下地理教师自我评价能力研究》，《中学地理教学参考》2015年第14期。

［198］唐登蓥、吴满意：《新时代高校思想政治教育内化的价值、逻辑与改进》，《思想教育研究》2018年第8期。

［199］王甫勤、邱婉婷：《家庭社会阶层、教育期望与课外教育—基于CFPS2016的实证研究》，《中国青年社会科学》2021年第6期。

［200］王金良、简福平、徐晓飞：《元认知能力的构成、作用与培养概述》，《涪陵师范学院学报》2005年第4期。

［201］王丽、罗洪铁：《大学生思想政治教育个体价值与相关概念的辨析》，《思想教育研究》2016年第7期。

［202］王启强：《争议数学课堂中学生自我评价能力的培养》，《数学教学通讯》2013年第34期。

［203］王睿、张瑞星、康佳迅：《积极心理干预对大学生手机成瘾的影响效果研究》，《现代预防医学》2018年第45期。

［204］王珊珊、刘一军、Todd Jackson：《自尊水平对大学生自我评价的影响研究》，《保健医学研究与实践》2016年第2期。

［205］王文静：《学生自我评价流程分析》，《中国教育学刊》2005年第3期。

［206］王亚南：《元认知的结构、功能与开发》，《南京师范学院学报》（社会科学版）2004年第1期。

［207］王义遒：《落实教育评价改革与发展素质教育要并驾齐驱》，《中国大学教育》2021年第Z2期。

［208］王永友、粟国康：《思想政治教育功能的生成逻辑》，《思想教育

研究》2018 年第 3 期。

[209] 王学义、王海萍：《毛泽东、邓小平、江泽民三代领导人关于我国教育方针的哲学理念探析》，《黑龙江高教研究》2002 年第 1 期。

[210] 温春继：《当代大学生人生价值观误区及对策分析》，《教育与职业》2009 年第 29 期。

[211] 魏勇、马欣：《家长教育期望的影响因素研究—基于 CEPS 的实证分析》，《教育学术月刊》2018 年第 7 期。

[212] 吾买尔·托合尼亚孜：《试论大学生自我评价能力的培养》，《濮阳职业技术学院学报》2005 年第 3 期。

[213] 吴旻、刘争光、梁丽婵：《亲子关系对儿童青少年心理发展的影响》，《北京师范大学学报（社会科学版）》2016 年第 5 期。

[214] 吴云龙、毛小霞、田录梅：《亲子关系与青少年冒险行为的关系：自控力的中介作用》，《中国临床心理学杂志》2017 年第 2 期。

[215] 徐慧、张建新、张梅玲：《家庭教养方式对儿童社会化发展影响的研究综述》《心理科学》2008 年第 4 期。

[216] 项纯：《中小学生自我评价能力的现状、问题与对策》，《教育科学研究》2018 年第 11 期。

[217] 肖庚生、张霓：《大学生英语写作自我评价的实证研究》，《石家庄学院学报》2018 年第 4 期。

[218] 肖继军：《基于 USEM 模型的大学生就业能力实证研究》，《系统工程》2012 年第 6 期。

[219] 肖楠：《大学生发展及其动态过程的四阶段论》，《当代教育论坛》2014 年第 4 期。

[220] 谢红光：《技术教学中要注意培养学生的自我评价意识和能力》，《中国学校体育》1992 年第 5 期。

[221] 徐斌：《如何理解马克思主义的自我反思与创新-访中共中央党校许全兴教授》《马克思主义理论学科研究》2019 年第 5 期。

[222] 徐锦芬、李红、李斑斑：《大学生英语阅读能力自我评价的实证研究》，《解放军外国语学院报》2010年第5期。

[223] 许燕、王砾瑟：《北京和香港大学生价值观的比较研究》，《心理学探新》2001年第4期。

[224] 杨邓红：《对当代大学生践行社会主义荣辱观的自我评价状况调查——以黄石地区为例》，《民族论坛》2007年第3期。

[225] 杨晋芳：《中学化学学习活动中培养学生自我评价能力的实践性研究》，《山西师大学报（社会科学版）》2004年第S1期。

[226] 杨连生：《从"自我意识"看人生观教育》，《辽宁高等教育研究》1991年第9期。

[227] 杨林杰：《大学生自我评价问题研究》，《陕西青年职业学院学报》2017年第1期。

[228] 杨青松：《试析德育过程的自我评价环节》，《学校党建与思想教育》2001年第11期。

[229] 杨婷：《大学生思想政治教育的个体价值及其实现》，《学校党建与思想教育》2016年第4期。

[230] 杨秀平：《杜威的教育环境论：语境、梦境和困境》，《当代教育科学》2020年第3期。

[231] 杨之毛：《大学生社会责任感教育中的误区及对策》，《学校党建与思想教育》2011年第11期。

[232] 叶琳琳：《主体性思想政治教育中的自我评价与大学生主体性发展》，《文教资料》2012年第14期。

[233] 于兰：《谈新课标下高中生自我评价能力的培养》，《甘肃教育》2018年第14期。

[234] 余秀兰：《父母社会背景、教育价值观及其教育期望》，《南京师大学报（社会科学版）》2020年第4期。

[235] 展爱军：《中学生亲子关系与自我评价能力提升》，《中学课程辅

导》2020 年第 7 期。

［236］张宝君：《以规范和疏导为依托构建大学生和谐人际关系》，《思想理论教育导刊》2008 年第 3 期。

［237］张红霞、朱莹莹：《学生自我评价能力培养的模式与实践》，《中国高等医学教育》2012 年第 12 期。

［238］张俭福：《初中生数学自我评价能力的研究》，《教育科学》1996 年第 3 期。

［239］张璟、沃建中、林崇德：《自我反思对初中生解题策略的影响》，《应用心理学》2015 年第 4 期。

［240］张荣伟、PualT. P. Wong、李丹：《人际关系和自我概念对生命意义的影响》，《心理科学》2020 年第 5 期。

［241］张耀灿：《回答时代课题的创新力作—评《思想政治教育人文关怀的理论与方法研究》》《思想教育研究》2019 年第 6 期。

［242］张宇峰：《获取、整合与疏解：大学生网络媒介需求影响因素即满足形态》，《当代青年研究》2021 年第 2 期。

［243］张元：《自我认知的实现路径》，《宁夏社会科学》2013 年第 5 期。

［244］张衷平：《谈大学生自我评价体系的建立》，《牡丹江师范学院学报》（哲学社会科学版）2009 年第 5 期。

［245］张衷平：《引导大学生构建自我评价标准和知识体系》，《教书育人》2009 年第 2 期。

［246］赵华明、王维、邢学武等：《大学生德育素质的自我评价》，《卫生职业教育》2007 年第 20 期。

［247］郑永廷：《论思想政治教育的内涵、外延与规范》，《教学与研究》2014 年第 11 期。

［248］钟毅平、陈智勇、罗西：《自我肯定对自尊及自我评价的影响》，《中国临床心理学杂志》2014 年第 3 期。

［249］朱佳斌、李秋实、付宇卓：《工科毕业设计指导教师的作用及其

对学习投入与学习成效的影响》，《高等工程教育研究》2021 年
第 2 期。

[250] 朱倩倩、周青山：《优化亲子关系促进学生健康成长》，《当代教
育理论与实践》2016 年第 6 期。

[251] 戴健：《专业课教学与大学生自我评价能力的培养》，《大学教育》
2014 年第 15 期。

[252] 邹甜甜、杨跃：《通过视频拍摄方法帮助学习者进行英语口语能
力自我评价的探索》，《外语电化教学》2015 年第 164 期。

（三）学位论文

[253] 边玉芳：《学习自我效能感量表的编制与应用》，博士学位论文，
华东师范大学心理学系，2003。

[254] 陈瑜：《行政规章自我评价法律机制》，博士学位论文，吉林大学
法学院，2014。

[255] 戴晓慧：《高校青年马克思主义者的自我教育研究》，博士学位论
文，湖南大学马克思主义学院，2017。

[256] 冯子龙：《元认知理论视角下中职生自我认知能力提升研究》，硕
士学位论文，华中科技大学社会学院，2017。

[257] 刘建榕：《大学生社会性发展迟滞的探索研究》，博士学位论文，
福建师范大学心理学系，2012。

[258] 聂国林：《红色资源思想政治教育价值有效实现研究》，博士学位
论文，南昌大学马克思主义学院，2013。

[259] 牛亏环：《大学生学习过程评价研究》，博士学位论文，上海师范
大学教育学院，2015。

[260] 师震：《论自我意识自觉的机制及其在思想政治教育中的意义》，
博士学位论文，上海大学社会科学学院，2011。

[261] 韦岚：《社会转型视域下的个体自我认同研究》，博士学位论文，
上海大学社会科学学院，2013。

［262］王秀成：《和谐教育论》，博士学位论文，山东师范大学教育学院，2009。

［263］岳彩镇：《对不同他人反思自我评价的记忆效应及神经机制》，博士学位论文，西南大学心理学部，2012。

［264］张春雨：《高技术研究所综合实力自我评价研究》，博士学位论文，吉林大学经济学院，2010。

［265］赵磊磊：《农村留守儿童学校适应及其社会支持研究》，博士学位论文，华东师范大学教育学部，2019。

（四）报纸及其他文献

［266］《〈中国学生发展核心素养〉发布》，人民网，2016 年 9 月 14 日，http://edu. people. com. cn/n1/2016/0914/c1053-28714231. html。

［267］《做追梦者 当圆梦人》，教育部官网，2018 年 5 月 29 日，http://www. moe. gov. cn/jyb_xwfb/s5148/201805/t20180529_337513. html.

［268］中共中央国务院：《深化新时代教育评价改革总体方案》，http://www. moe. gov. cn/jyb_xxgk/moe_1777/moe_1778/202010/t20201013_494381. html. 2020-10-13.

［269］中国社会科学院语言研究所词典编辑室编《现代汉语词典（第 6 版）》，商务印书馆，2012。

［270］编辑委员会编《简明社会科学词典（第 2 版）》，上海辞书出版社，1984。

三　外文文献

（一）著作

［271］〔德〕恩斯特·卡西尔：《人论》，甘阳译，上海译文出版社，2013。

［272］〔德〕黑格尔：《精神现象学》（上、下卷），贺麟、王玖兴译，商务印书馆，1981。

［273］〔德〕霍克海默：《批判理论》，李小兵译，重庆出版社，1989。

[274]〔德〕尼娜·拉里什海德尔：《自爱的艺术》，张勐译，文汇出版社，1999。

[275]〔德〕维尔纳·马克思：《黑格尔的〈精神现象学〉："序言"和"导论"中对其理念的规定》，谢永康译，人民出版社，2014。

[276]〔古希腊〕色诺芬：《回忆苏格拉底》，吴永泉译，商务印书馆，1984。

[277]〔古希腊〕亚里士多德：《尼各马可伦理学》，苗力田译，中国社会科学出版社，1990。

[278]〔捷〕布罗日克：《价值与评价》，李志、盛宗范译，知识出版社，1989。

[279]〔美〕B. R. 赫根汉、〔美〕马修·H. 奥尔森：《学习理论导论（第七版）》，郭本禹等译，上海教育出版社，2011。

[280]〔美〕阿尔伯特·班杜拉：《思想和行动的社会基础：社会认知论》，林颖、王小明、胡谊等译，华东师范大学出版社，2018。

[281]〔美〕弗拉维尔、〔美〕米勒：《认知发展》，邓赐平译，华东师范大学出版社，2002。

[282]〔美〕乔纳森·布朗、〔美〕玛格丽特·布朗：《自我（第2版）》，王伟平、陈浩莺译，人民邮电出版社，2015。

[283]〔美〕乔纳森·特纳：《社会学理论的结构》，邱泽奇等译，华夏出版社，2001。

[284]〔美〕桑特罗克（Santrock，J. W.）：《心理学导论》，吴思为等译，上海社会科学院出版社，2011。

[285]〔美〕斯塔尔·萨克斯坦：《如何引导学生自我评估》，彭相珍译，中国青年出版社，2018。

[286]〔美〕梯利：《伦理学导论》，何意译，北京师范大学出版社，2015。

[287]〔美〕凯蒂·肯、〔美〕克莱尔·施普曼：《信心密码》，简言译，北京联合出版公司，2015。

[288]〔美〕约翰·杜威：《评价理论》，冯平、余泽娜等译，上海译文

出版社，2007。

［289］〔美〕约翰·杜威：《我的教育信条》，彭正梅译，上海人民出版
　　　　社，2017。

［290］〔日〕深堀元文：《图解心理学》，侯铎译，天津教育出版社，2007。

［291］〔日〕小川仁志：《完全解读哲学用语事典》，郑晓兰译，华中科
　　　　技大学出版社，2016。

［292］〔苏〕彼得罗夫斯基：《年龄与教育心理学》，北京师范大学教育
　　　　系心理学教研室译，北京师范大学教育系心理学教研室，1980。

［293］〔苏〕苏霍姆林斯基：《少年的教育和自我教育》，姜励群等译，
　　　　北京出版社，1984。

［294］〔苏〕苏霍姆林斯基：《怎样培养真正的人》，蔡汀译，教育科学
　　　　出版社，1992。

［295］〔苏〕伊·谢·康：《伦理学辞典》，王荫庭等译，甘肃人民出版
　　　　社，1983。

［296］〔苏〕伊·谢·科恩：《自我论》，佟景韩等译，三联书店，1986。

［297］〔英〕亚当·斯密：《道德情操论》，李嘉俊译，台海出版社，2016。

（二）论文

［298］Alfallay I. , "The role of some selected psychological and personality
　　　　traits of the rater in the accuracy of self-and peer-assessment," *System*,
　　　　2004, 32（3）.

［299］Ashton K. , "Using self-assessment to compare learners'reading profi-
　　　　ciency in a multilingual assessment framework," *System*, 2014,（42）.

［300］Awaisu A. , Bakdach D. , Elajez R. H. , et al. , "Hospital pharmaci-
　　　　sts'self-evaluation of their competence and confidence in conducting pha-
　　　　rmacy practice research," *Saudi Pharmaceutical Journal*, 2015, 23
　　　　（3）.

［301］Bandura A. , "Self-efficacy：toward a unifying theory of behavioral change," *Advances in Behaviour Research & Therapy*, 1977, 1 (4).

［302］ Borracci R. A., Arribalzaga E. B., "The incidence of overconfidence and underconfidence effects in medical student examinations," *Journal of Surgical Education*, 2018, (5).

［303］ Brantmeier C., Vanderplank R., "Descriptive and criterion-referenced self-assessment with L2 readers," *System*, 2008, 36 (3).

［304］ Bull N. B., Silverman C. D., Bonrath E. M., "Targeted surgical coaching can improve operative self-assessment ability: A single-blinded nonrandomized trial," *Surgery*, 2020, 167 (2).

［305］ Felisberto E., Freese E., Natal S., et al., "A contribution to institutionalized health evaluation: a proposal for self-evaluation," *Cadernos De Saude Publica*, 2008, 24 (9).

［306］ Festinger L. A., "A theory of social comparison processes," *Human Relations*, 1954, 7 (2).

［307］ F. Hyland, "The impact of teacher written feedback on individual writers," *Journal of Second Language Writing*, 1998, 7 (3).

［308］ Geranmayeh M., Khakbazan Z., Azizi F., et al., "Effects of feedback on midwifery students'self-assessed performance and their self-assessment ability: a quasi-experimental study," *International Quarterly of Community Health Education*, 2019, 40 (4).

［309］ Knight P. T., Yorke M., "Employability through the curriculum," *Tertiary Education and Management*, 2002, 8 (4).

［310］ Lee, Migyong, "Efficacy of Self-evaluation as Pedagogical Tool in Undergraduate Consecutive Interpreting Class," *The Journal of Interpretation and Translation Education*, 2017, (3).

［311］ Luft J., Ingham H., "The Johari window, a graphic model of interpersonal awareness," 1955.

[312] Meade A. W. , Craig S. B. , "Identifying careless responses in survey data," *Psychological Methods*, 2012, 17 (3).

[313] Maccoby, Martin J. A. , "Socialization in the context of the family: Parent-child interaction," *Handbook of Child Psychology Formerly Carmichaels Manual of Child Psychology*, 1983.

[314] Poehner M. E. , Lantolf J. P. , "Dynamic assessment in the language classroom," *Language Teaching Research*, 2005, 9 (3).

[315] Ruble P. , "Distinguishing multiple dimensions of conceptions of ability: implications for self-evaluation," *Child Development*, 1997, 68 (6).

[316] Siller M. , Hotez E. , Swanson M. , et al. , "Parent coaching increases the parents' capacity for reflection and self-evaluation: results from a clinical trial in autism," *Attach Hum Dev*, 2018, 20 (3).

[317] Sridharan B. , Boud D. , "The effects of peer judgements on teamwork and self-assessment ability in collaborative group work," *Assessment & Evaluation in Higher Education*, 2019.

[318] Stamps A. E. , "A new method for teaching architectural studios-use of objective feedback to help design students refine their capacity for self-evaluation," *Perceptual and Motor Skills*, 1989, 69 (3-1).

[319] Suls J. M. , Miller R. L. , "Social comparison processes: Theoretical and empirical perspectives," *Contemporary Sociology*, 1977, 8 (2).

[320] Suls J, Wheeler L. , "Handbook of social comparison: social identity and social comparison," *Journal of Applied Psychology*, 2000, (Chapter 19).

[321] 김지선, Lee W. J. , 이동배, et al. , "A study of developing self-evaluation criterion for teacher professional development," *The Journal of Korean Teacher Education*, 2014, (4).

附录　大学生自我评价能力现状及影响因素调查问卷

亲爱的同学，您好！感谢您参与我们的调查。该调查的目的是了解大学生自我评价能力的现实状况，以期为培养大学生的自我评价能力提供依据，来促进大学生自我教育和自我发展的有效开展，从而提高大学生思想政治教育的实效性。

核心概念：大学生自我评价是大学生对自己的思想、意愿、行为和人格特点的判断和评价；大学生自我评价能力是大学生对自己的思想、意愿、行为和人格特点进行全面认知的基础上，自觉地根据社会规范的要求，并且参照他人评价，不断地调整自我评价标准，且通过这一评价标准来进行自我反思，调节自己的心理和行为的能力。

本调查的全部内容仅用于科学研究，对所有的信息我们将严格保密，不对您做出任何的评价或考核。请您看到题目后，根据自己的真实情况和理解放心作答，衷心感谢您的参与，祝您生活愉快，学业有成！

一　基本情况调查

1. 请问您的性别是：A 男　　B 女

2. 您的年级：A 大一　B 大二　C 大三　D 大四　E 大五（五年制）

3. 请问您的学校属于：A 普通本科院校　　B 职业院校　　C 985、211 类学校

4. 请问您的专业是：A 理工科　　 B 文科　 C 商科　 D 音体美

5. 您是否是独生子女：A 是　　　　 B 否

6. 您是否是学生干部：A 是　　　　 B 否

7. 您是否是党员：A 是　　　　 B 否

8. 您的生源地是：A 城市　　　 B 农村

9. 您的家庭结构（共同生活为准）：A 核心家庭（父母与未婚子女组成的家庭）　　 B 主干家庭（祖父母、父母与未婚子女组成的家庭）C 单亲家庭

二　大学生自我评价能力现状调查问卷

以下项目测试是您的某种态度或行为，每一项后面的 5 个数字，分别代表您的实际情况相符合的不同程度（1-完全不符合，2-基本不符合，3-有点符合，4-比较符合，5-完全符合）。请选择最能反映您实际情况的数字。请注意：每个项目只能选一个数字，不要多选，也不要漏选！谢谢配合。

调查问卷题目	1-完全不符合	2-基本不符合	3-有点符合	4-比较符合	5-完全符合
我认为自我评价可以促进我更好地发展	1	2	3	4	5
我认为自我评价可以促进我更好地适应社会	1	2	3	4	5
我认为自我评价是很好的认识自我的方式	1	2	3	4	5
我认为自我评价是很好的自我教育的方式	1	2	3	4	5
我认为自我评价对大学生是非常有必要的	1	2	3	4	5
我经常主动开展自我评价	1	2	3	4	5
我会主动询问别人对我的评价	1	2	3	4	5
如果老师要求我做自我评价，我会积极参与	1	2	3	4	5

续表

调查问卷题目	1-完全 不符合	2-基本 不符合	3-有点 符合	4-比较 符合	5-完全 符合
我感到自己是一个有价值的人，至少与其他人在同一水平上	1	2	3	4	5
我时常认为自己很有用处	1	2	3	4	5
我对自己持肯定的态度	1	2	3	4	5
总的来说，我对自己是满意的	1	2	3	4	5
我是一个自信的人	1	2	3	4	5
我是一个热心的人	1	2	3	4	5
面对困难时我能保持冷静，因为我信赖自己的应变能力	1	2	3	4	5
如果付出了必要的努力，我就能解决大部分问题	1	2	3	4	5
我有信心高效处理突发事件	1	2	3	4	5
我是一个积极进取的人，我一切的努力都是为了不断提升自己	1	2	3	4	5
我了解自我评价的含义	1	2	3	4	5
我清楚自我评价是要对自己的哪些方面进行考量	1	2	3	4	5
我认为自我评价是建立在对自己具有良好认知的基础上的，也就是说自我评价首先要对现实自我有清晰的认识和了解	1	2	3	4	5
我主动做过自我评价	1	2	3	4	5
在老师的要求下，我参与过自我评价	1	2	3	4	5
我掌握自我评价的方法，如采用反思日志、成长记录手册等方式进行自我评价	1	2	3	4	5
我会采用恰当的自我评价方法来做自我评价	1	2	3	4	5
以往自我评价的经历对我继续开展自我评价是借鉴和帮助	1	2	3	4	5
通过马列主义、毛泽东思想、邓小平理论、"三个代表"重要思想、科学发展观和习近平新时代中国特色社会主义思想的理论学习，我树立了正确的世界观，有明辨是非的能力	1	2	3	4	5

调查问卷题目	1-完全不符合	2-基本不符合	3-有点符合	4-比较符合	5-完全符合
我对"人为什么活着"、"人活着有什么意义"的问题，有自己清晰的认识和态度	1	2	3	4	5
我很清楚对自己来说最有用和最有价值的是什么	1	2	3	4	5
我清楚自己面对职业选择时最看重的是什么	1	2	3	4	5
当个人利益与集体利益、个人价值与社会价值冲突时，我很清楚自己会如何做选择	1	2	3	4	5
我对于善恶有清晰的判断标准，对于如"老人跌倒该不该扶""考试作弊"等有关道德、良心、诚信、正义的问题，有自己清晰的认识和判断标准	1	2	3	4	5
我对于社会交往对象的选择、社会交往的原则有自己清晰的标准	1	2	3	4	5
有人说："宁愿坐在宝马车上哭也不坐在自行车上笑"，我有自己清晰的恋爱观	1	2	3	4	5
我清楚未来自己要从事什么岗位的工作	1	2	3	4	5
我清楚自己的求职需求，如对工作的晋升空间、工资薪酬、工作性质和工作地点等的要求	1	2	3	4	5
我知道我想要什么样的生活	1	2	3	4	5
我知道自己的学习目的					
我知道哪些事情是可以做，哪些事情是不可以做的	1	2	3	4	5
我了解自己的性格特点	1	2	3	4	5
我了解自己的气质类型是胆汁质、多血质、黏液质和抑郁质中的哪一种类型，并且了解自己的气质类型特点是什么	1	2	3	4	5
我了解自己的兴趣是什么	1	2	3	4	5
当一件事情取得成功时，我会及时总结经验和好的做法	1	2	3	4	5
当一件事情获得失败时，我会反思是哪里出问题了？是哪里没有做好？	1	2	3	4	5
我知道事情做得不好时我也有责任	1	2	3	4	5

续表

调查问卷题目	1-完全不符合	2-基本不符合	3-有点符合	4-比较符合	5-完全符合
我经常反思自己的优点和不足是什么	1	2	3	4	5
我知道与理想中的我相比,我的差距和不足是什么	1	2	3	4	5
我会经常反思自己的言行	1	2	3	4	5
我会关注国家时事,积极学习马克思主义相关理论知识,来提高自己的思想理论水平	1	2	3	4	5
我会参加志愿者服务活动来提高自己的思想境界	1	2	3	4	5
我会学习道德楷模的先进事迹来提高自己的道德情操	1	2	3	4	5
我会与身边优秀的榜样相比较,来找出自己的差距和不足,并努力改正自己缩短这种差距和不足	1	2	3	4	5
当个人利益与集体利益、个人价值与社会价值冲突时,我会选择个人利益服从于集体利益、个人价值服从于社会价值,因为我认为没有国哪有家,没有社会这个大家哪有我的小家	1	2	3	4	5
我遵从"人人为我,我为人人"的思想,我认为人与人之间是互惠互利、和谐共生的,不应该建立在舍己为人的思想框架下,应该"个人和集体兼顾"、"奉献与索取并举"	1	2	3	4	5
我追求个性自由,一切以自我为中心,我认为凡事都应该建立在为我服务的前提下,当个人利益与集体利益冲突时,一定要满足个人利益,实现个人价值最大化	1	2	3	4	5
我会以社会的法律条文和纪律规范为准绳来约束自己的行为	1	2	3	4	5
当与人发生冲突时,我会努力调整自己的情绪不让自己发火	1	2	3	4	5
我能为了一个长远目标高效地工作	1	2	3	4	5
我能很好地抵制诱惑	1	2	3	4	5
我能很好地调节自己的言行	1	2	3	4	5

三 大学生自我评价能力影响因素调查问卷

以下项目测试是您的某种态度或行为，每一项后面的 5 个数字，分别代表您的实际情况相符合的不同程度（1-完全不符合，2-基本不符合，3-有点符合，4-比较符合，5-完全符合）。请选择最能反映您实际情况的数字。请注意：每个项目只能选一个数字，不要多选，也不要漏选！谢谢配合。

调查问卷题目	1-完全不符合	2-基本不符合	3-有点符合	4-比较符合	5-完全符合
学校组织召开讲座等向我们讲授自我评价的理论知识，强调自我评价的重要性	1	2	3	4	5
学校有自我评价制度和要求，会组织和要求学生开展自我评价	1	2	3	4	5
学校重视学生的自我评价，将学生的自我评价纳入综合素质评价分值核算中	1	2	3	4	5
学校重视学生的自我评价，将学生的自我评价分值纳入学习成绩考核中	1	2	3	4	5
学校会定期组织心理发展成长的讲座引导我们反思自我	1	2	3	4	5
学校会开展社团活动或者大型比赛等来帮助我们认识和了解自己	1	2	3	4	5
老师（教师或者辅导员）会向我们强调自我评价的重要性，鼓励我们开展自我评价	1	2	3	4	5
老师（教师或者辅导员）会教给我们自我评价的方法，指导我们客观地评价自己	1	2	3	4	5
老师（教师或者辅导员）会引导我们做好自我反思，鼓励我们针对自己的差距和不足来改进自己	1	2	3	4	5
老师（教师或者辅导员）会教给我们自我调整的技巧与方法	1	2	3	4	5
老师（教师或者辅导员）会及时解答我在自我评价活动中的问题	1	2	3	4	5

续表

调查问卷题目	1-完全 不符合	2-基本 不符合	3-有点 符合	4-比较 符合	5-完全 符合
老师（教师或者辅导员）会告诉我他（她）对我的评价结果，会将老师眼中我的优缺点反馈给我	1	2	3	4	5
我经常会和其他人进行比较来发现自己的优点，寻找自己的差距和不足	1	2	3	4	5
我喜欢与比自己优秀的人相比较，因为这样我可以以他为榜样，不断提升自己	1	2	3	4	5
我喜欢与自己能力相近的人相比较，这样我会把他（她）们当作"一面镜子"，利于更好地认识自己	1	2	3	4	5
我喜欢与能力不如自己的人相比较，因为这样我能获得自信，不然我容易自卑	1	2	3	4	5
我喜欢利用网络平台了解道德模范和成功人士的优秀事迹，我也想成为他（她）们那样的人	1	2	3	4	5
我会通过与其他人的比较来改变自己的想法和做法	1	2	3	4	5
当我做错事情的时候，父母会惩罚我	1	2	3	4	5
当我做错事情的时候，父母会批评我、指责我	1	2	3	4	5
不论我多么努力，总是得不到父母的赞赏或表扬，父母总是指出我的不足	1	2	3	4	5
父母总是改变我的想法和初衷，总是让我按照他们的想法做选择和改变	1	2	3	4	5
父母总是尊重我的想法和决定，他们永远是我坚强的后盾	1	2	3	4	5
父母会影响我穿什么衣服做什么事情	1	2	3	4	5
我能从父母的言行中感到他们非常喜欢我	1	2	3	4	5
我能够感受到父母对我的支持与信任	1	2	3	4	5
父母总是能够及时地给予我鼓励与赞赏	1	2	3	4	5
父母像是我的知心朋友，不论喜悦或是悲伤，还是有困惑，我都愿意和他们交流	1	2	3	4	5
我会经常和父母通电话或者发微信	1	2	3	4	5

续表

调查问卷题目	1-完全不符合	2-基本不符合	3-有点符合	4-比较符合	5-完全符合
我有好事会第一时间告诉父母	1	2	3	4	5
我经常参加所学专业的社会实践	1	2	3	4	5
我会积极参加学校组织的寒暑假社会实践活动	1	2	3	4	5
我认为社会实践可以增长见识，也可以发现自己的不足	1	2	3	4	5
我认为志愿服务活动可以提升个人价值	1	2	3	4	5
我认为社会实践活动可以让我更自信	1	2	3	4	5
我认为社会调研、参观考察、学科竞赛都是很好地提升个人能力的机会	1	2	3	4	5
我很在意老师和同学对我的评价	1	2	3	4	5
我愿意多付出来得到别人的认可	1	2	3	4	5
我听到老师的表扬表面我会谦虚一下，心里特别高兴	1	2	3	4	5
我听到别人的建议时心里不太舒服	1	2	3	4	5
我看到别人边说话边看我，会觉得别人在议论我	1	2	3	4	5
我会按照别人的评价来改变自己	1	2	3	4	5
我觉得老师和同学们都很喜欢我	1	2	3	4	5
我与老师、同学相处融洽	1	2	3	4	5
我在班级里有多个要好的朋友	1	2	3	4	5
我所在的班级氛围很好，同学们之间都能够相互信任、相互尊重、相互理解和相互帮助	1	2	3	4	5
我遇到难处了总有朋友可以帮助我	1	2	3	4	5
我能很好地处理与同学之间的关系	1	2	3	4	5
我认为社会主义核心价值观是当代中国精神的集中体现，凝结着全体人民共同的价值追求	1	2	3	4	5
我认为人不应该追求物质享受，必须要实现自己的人生价值	1	2	3	4	5
"下得苦功夫，求得真学问"，我认为人应该靠脚踏实地的努力来成就梦想	1	2	3	4	5

续表

调查问卷题目	1-完全 不符合	2-基本 不符合	3-有点 符合	4-比较 符合	5-完全 符合
我认为能够为社会和他人做贡献才是有意义和有价值的	1	2	3	4	5
我认为当国家陷入危难的时候，作为一名中国人，我们应该舍弃个人利益。就像新冠疫情中的医务工作者、洪涝灾害中的人民子弟兵等，这样的人生才是有价值的	1	2	3	4	5
我认为大学生应该有明辨是非的能力，应该旗帜鲜明地弘扬真善美、贬斥假恶丑，要维护良好的社会风尚	1	2	3	4	5

图书在版编目(CIP)数据

大学生自我评价能力及其培养研究／谭晓斐著.
北京：社会科学文献出版社，2024.7（2025.9 重印）. -- ISBN 978-7
-5228-3903-5

Ⅰ.G645.5

中国国家版本馆 CIP 数据核字第 20241CR344 号

大学生自我评价能力及其培养研究

著　　者／谭晓斐

出 版 人／冀祥德
组稿编辑／恽　薇
责任编辑／胡　楠　孔庆梅
责任印制／岳　阳

出　　版／社会科学文献出版社·经济与管理分社（010）59367226
　　　　　地址：北京市北三环中路甲 29 号院华龙大厦　邮编：100029
　　　　　网址：www.ssap.com.cn
发　　行／社会科学文献出版社（010）59367028
印　　装／唐山玺诚印务有限公司

规　　格／开本：787mm×1092mm　1/16
　　　　　印张：14　字数：195 千字
版　　次／2024 年 7 月第 1 版　2025 年 9 月第 2 次印刷
书　　号／ISBN 978-7-5228-3903-5
定　　价／128.00 元

读者服务电话：4008918866